BuddhAll

BuddhAll.

All is Buddha.

BuddhAll

如何修持
藥師經

藥師佛被尊崇為消災延壽的本尊，
藥師法門更是廣大流傳，感應不可思議！

How To Study
The Medicine Buddha Sutra

洪啟嵩 著

目錄

第三章

出版緣起

每一部佛經都是佛陀為了導引眾生離苦得樂、去除妄想證得覺悟境界而宣說的金言，也是諸佛如來的成佛心要。而每一部佛經也都因應著不同眾生的根器緣起，來指示大眾修證成佛的妙道。

所以佛經成立的主旨，就是希望大家投入佛經之中，以佛經的智慧為智慧，以經中的生活為生活，來實踐「佛經化的生涯」；而佛經不只是閱讀、誦持、聽聞、思惟佛經的境界。〈佛經修持法〉系列即是基於「佛經即生活」、「生活即佛經」的見地，來解說佛教經典中的修行法要，使不同因緣的大眾，可以抉擇與自己有緣的經典，來圓滿成就佛道。

一般人讀誦佛經的時候，常都只是讀誦而已。〈佛經修持法〉的出版目的，不僅期望大家清楚的持誦經文的每一個字，更希望將佛經的內容變成實踐實修的法門，可以實際在生活中運用；讓每一部佛經都有次第可以修持，從見地上的建立，到道地上的修證法則，最後證入佛經所描述的圓滿果地。

〈佛經修持法〉就是希望能夠承續古德未完成的志業，從閱讀佛經，來建立佛經的正見，依法修持實踐，整理匯入日常生活當中，成為隨時可以實踐的一致法門，甚至成為佛經的生涯規劃。

此外，〈佛經修持法〉並非立足於一種觀行的儀軌而已，也就是說，它並不像中國歷代的懺法，如：淨土懺法、或金剛般若懺法，乃至於密乘儀軌的修持法。雖然這樣的懺法儀軌也是一種觀行的次第。但是，這些觀行的次第，恐怕也只是在我們修法的時候，按照觀行的儀軌而去觀想實證而已，並不是我們日常二六時中，可以隨時隨地與我們的生活融合為一的。

〈佛經修持法〉是要使我們生活中的正見即是佛經所現的正見：生活中所有的行事，都是由這正見所指導的正確業行，我們的心意識當中的所有思惟，所有觀行，都和經典相應；乃至於現證到我們所生活的世界，就是整個佛經的世界，而我們的身口意，與宣講經主的身口意都融合為一。

這樣的宣說，基本上是期望大家能把佛經實現在生活之中；亦即我們生活在佛經之中，而佛經活在我們之中。如此現起的世界，也就是經中的清淨世界。這才是真正佛經的修持法，也才是真正的轉經。如果只是讀誦佛經，縱使讀誦幾千萬遍的經文，佛經還是佛經，生活還是生活，這兩者還是有所分別的。

理想的佛法實現，是直接實現經論的世界，直接使這個世界成為佛經的淨土，一切人都是現前佛菩薩，一切語皆是佛語，一切行皆是佛行，而幻化空花的佛事，就是如幻的莊嚴現前。只要我們有深切的體認，願意精進不懈的實踐，定能達成佛經淨土的世界，而現在就是開始。

如何修持藥師經——序

《藥師經》的流傳，是由於文殊菩薩祈請佛陀宣說諸佛名號及其大願功德的因緣而來。佛陀在文殊的祈請下，於是在毘舍離國廣嚴城的樂音樹下，演說出這本藥師佛殊勝本願功德的經典。

在十方諸佛中，藥師佛特別以拔除一切眾生身心疾病苦痛為本願，因此，大醫王除了是藥師佛的特別標幟外，藥師佛也可以說是一切如來無上醫王特德的具體化表徵。

依《藥師經》的記載，東方過娑婆世界十座恆河沙佛土之外，有佛土名為「淨琉璃」，這個世界的佛陀名號為「藥師琉璃光如來」，他領導著日光菩薩與月光菩薩等眷屬，化導眾生並拔除眾生生死煩惱的病苦。

藥師佛所居處的東方琉璃世界是純一清淨，大地為淨琉璃所鋪敷而成，城闕、宮殿等也都是由七寶所成。其國土中沒有染欲，也沒有三惡趣的苦惱，這個世界就宛如極樂世界阿彌陀佛的淨土一般殊勝莊嚴。

而生活在娑婆世界的我們，由於我們有老死、疾病等種種苦惱，因此對於藥師佛的救度也就更加渴仰，所以藥師佛的信仰就廣泛地在娑婆世界流行著。因此，一般常稱藥師佛為「消災延壽藥師琉璃光如來」；然而，藥師佛不僅救度世間疾病，著重於為眾生求得現世的安樂外，藥師佛更希望成就我們圓證無上菩提。藥師佛的最深誓願，就是促使一切眾生圓滿成佛，與其無異。

藥師佛成佛了，他具足三十二相八十種好，他希望眾生同他一般成佛無異，也就是眾生同成藥師佛。

「如何修持藥師經」從認識、明解《藥師經》，到修持藥師佛的法門，將《藥師經》的見地、精義與日常生活結合，讓讀者能藉由閱讀、修持《藥師經》，而直接將《藥師經》實踐在生活中，讓《藥師經》不僅是一部閱讀、諷誦的經典，更是能直接內化運用於生活當中的經典。

讓我們的生活成為實踐《藥師經》的道場，讓藥師法門在現代的時空因緣下產生意義，讓藥師佛永遠是我們心性中的藥師佛。

南無　藥師琉璃光如來

藥師琉璃光如來本願功德經

唐三藏法師玄奘奉詔譯

如是我聞：一時，薄伽梵遊化諸國，至廣嚴城住樂音樹下，與大苾芻眾八千人俱，菩薩摩訶薩三萬六千，及國王、大臣、婆羅門、居士、天、龍、藥叉①、人、非人等，無量大眾恭敬圍繞而爲說法。

爾時，曼殊室利法王子承佛威神，從座而起，偏袒一肩，右膝著地，向薄伽梵曲躬合掌，白言：「世尊！惟願演說如是相類諸佛名號，及本大願殊勝功德，令諸聞者業障銷除，爲欲利樂像法轉時諸有情故。」

爾時，世尊讚曼殊室利童子言：「善哉！善哉！曼殊室利！汝以大悲，勸請我說諸佛名號、本願功德，爲拔業障所纏有情，利益安樂像法轉時諸有情故。汝今諦聽！極善思惟，當爲汝說。」

曼殊室利言：「唯然！願說！我等樂聞。」

佛告曼殊室利：「東方去此過十殑伽沙等佛土，有世界名淨琉璃，佛號藥師琉璃光如來、應、正等覺、明行圓滿、善逝、世間解、無上丈夫、調御士、天人師、佛、薄伽梵。曼殊室利！彼佛世尊藥師琉璃光如來，本行菩薩道時發十二大願，令諸有情所求皆得：

第一大願：願我來世得阿耨多羅三藐三菩提時，自身光明熾然照曜無量無數無邊世界，以三十二大丈夫相，八十隨好，莊嚴其身，令一切有情如我無異。

第二大願：願我來世得菩提時，身如琉璃內外明徹，淨無瑕穢，光明廣大，功德巍巍，身善安住，焰網莊嚴過於日月，幽冥眾生悉蒙開曉，隨意所趣作諸事業。

第三大願：願我來世得菩提時，以無量無邊智慧方便，令諸有情皆得無盡所受用物，莫令眾生有所乏少。

第四大願：願我來世得菩提時，若諸有情行邪道者，悉令安住菩提道中；若行聲聞、獨覺乘者，皆以大乘而安立之。

第五大願：願我來世得菩提時，若有無量無邊有情於我法中修行梵行，一切皆令得不缺戒，具三聚戒；設有毀犯，聞我名已，還得清淨，不墮惡趣。

第六大願：願我來世得菩提時，若諸有情其身下劣、諸根不具、醜陋、頑愚、盲聾、瘖瘂、攣躄、背僂、白癩、癲狂種種病苦；聞我名已，一切皆得端正黠慧，諸根完具，無諸疾苦。

第七大願：願我來世得菩提時，若諸有情眾病逼切，無救、無歸、無醫、無藥、無親、無家，貧窮多苦；我之名號一經其耳，眾病悉得除，身心安樂，家屬資具悉皆豐足，乃至證得無上菩提。

第八大願：願我來世得菩提時，若有女人爲女百惡之所逼惱，極生厭離，願捨女身；聞我名已，一切皆得轉女成男，具丈夫相，乃至證得無上菩提。

第九大願：願我來世得菩提時，令諸有情出魔羂網，解脫一切外道纏縛ㄈㄨˊ；若墮種種惡見稠林，皆當引攝置於正見，漸令修習諸菩薩行，速證無上正等菩提。

第十大願：願我來世得菩提時，若諸有情王法所錄，縲ㄌㄟˊ縛ㄈㄨˊ鞭撻ㄊㄚˋ、繫閉牢獄，或當刑戮ㄌㄨˋ，及餘無量災難凌辱，悲愁煎迫，身心受苦；若聞我名，以我福德威神力故，皆得解脱一切憂苦。

第十一大願：願我來世得菩提時，若諸有情饑ㄐㄧ渴所惱，爲求食故造諸惡業；得聞我名，專念受持，我當先以上妙飲食飽足其身，後以法味畢竟安樂而建立之。

第十二大願：願我來世得菩提時，若諸有情貧無衣服，蚊虻ㄇㄥˊ、寒熱晝夜逼惱；若聞我名，專念受持，如其所好ㄏㄠˋ，即得種種上妙衣服，亦得一切寶莊嚴具，華ㄏㄨㄚˋ鬘ㄇㄢˊ、塗香、鼓樂ㄩㄝˋ、眾伎ㄐㄧˋ，隨心所翫ㄨㄢˋ，皆令滿足。

「曼殊室利！是爲彼世尊藥師琉璃光如來、應、正等覺ㄐㄩㄝˊ，行菩薩道時所發十二微妙上願。

「復次，曼殊室利！彼世尊藥師琉璃光如來行菩薩道時，所發大願及彼佛土功德莊嚴，我若一劫、若一劫餘說不能盡。然彼佛土一向清淨，無有女人，亦無惡趣及苦音聲；琉璃爲地，金繩界道，城闕、宮閣、軒窗、羅網皆七寶成，亦如西方極樂世界，功德莊嚴等無差別。於其國中有二菩薩摩訶薩：一名日光遍照，二名月光遍照，是彼無量無數菩薩眾之上首，悉能持彼世尊藥師琉璃光如來正法寶藏。是故，曼殊室利！諸有信心善男子、善女人等，應當願生彼佛世界。」

爾時，世尊復告曼殊室利童子言：「曼殊室利！有諸眾生不識善惡，唯懷貪悋，不知布施及施果報，愚癡無智闕於信根，多聚財寶勤加守護；見乞者來，其心不喜，設不獲已而行施時，如割身肉深生痛惜。復有無量慳貪有情，積集資財，於其自身尚不受用，何況能與父母、妻子、奴婢、作使及來乞者！彼諸有情從此命終，生餓鬼界或傍生趣，由昔人間曾得暫聞藥師琉璃光如來名故，今在惡趣暫得憶念彼如來名，即於念時從彼處沒，還生人中。得宿命念，畏惡趣苦，不樂欲樂，好行惠施，讚歎施者；一切所有悉無貪惜，漸次尚能以頭目、手足、血肉身分施來求者，況餘財物。

「復次，曼殊室利！若諸有情雖於如來受諸學處，而破尸羅；有雖不破尸羅而破軌則；有於尸羅、軌則雖得不壞，然毀正見；有雖不毀正見，而棄多聞，於佛所說契經深義不能解了；有雖多聞而增上慢，由增上慢覆蔽心故，自是非他，嫌謗正法爲魔伴黨，如是愚人自行邪見，復令無量俱胝有情墮大險坑。此諸有情，應於地獄、傍生、鬼趣流轉無窮，若得聞此藥師琉璃光如來名號，便捨惡行修諸善法，不墮惡趣；設有不能捨諸惡行，修行善法，墮惡趣者，以彼如來本願威力，令其現前暫聞名號，從彼命終還生人趣，得正見精進善調意樂，便能捨家趣於非家，如來法中、受持學處、無有毀犯，正見多聞、解甚深義，離增上慢、不謗正法，不爲魔伴，漸次修行諸菩薩行，速得圓滿。

「復次，曼殊室利！若諸有情慳貪嫉妒，自讚毀他，當墮三惡趣中，無量千歲受諸劇苦；受劇苦已，從彼命終來生人間，作牛、馬、駝、驢，恒被鞭撻、飢渴逼惱，又常負重隨路而行；或得爲人，生居下賤，作人奴婢，受他驅役，恒不自在。若昔人中，曾聞世尊藥師琉璃光如來名號，由此善因，今復憶念至心歸依；以佛神力眾苦解脫，諸根聰利智慧多聞，恒求勝法常遇善友，永斷魔羂破無明㲉，竭煩惱河，解脫一切生老病死、憂愁苦惱。

「復次，曼殊室利！若諸有情好憙乖離，更相鬪訟，惱亂自他，以身、語、意造作增長種種惡業；展轉常爲不饒益事，互相謀害，告召山林樹塚等神；殺諸眾生，取其血肉祭祀藥叉、羅剎婆等；書怨人名作其形像，以惡呪術而呪咀之；厭媚蠱道呪起屍鬼，令斷彼命及壞其身。是諸有情，若得聞此藥師琉璃光如來名號，彼諸惡事悉不能害；一切展轉皆起慈心，利益安樂，無損惱意及嫌恨心；各各歡悅，於自所受生於喜足，不相侵凌互爲饒益。

「復次，曼殊室利！若有四眾：苾芻、苾芻尼、鄔波索迦、鄔波斯迦及餘淨信善男子、善女人等，有能受持八分齋戒，或經一年，或復三月，受持學處，以此善根，願生西方極樂世界無量壽佛所，聽聞正法，而未定者；若聞世尊藥師琉璃光如來名號，臨命終時，有八菩薩乘神通②來示其道路，即於彼界種種雜色衆寶華中，自然化生。或有因此生於天上，雖生天中，而本善根亦未窮盡，不復更生諸餘惡趣；天上壽盡還生人間，或爲輪王統攝四洲，威德自在，安立無量百千有情於十善道；或生剎帝利、婆羅門、居士大家，多饒財寶，倉庫盈溢，形相端嚴，眷屬具足，聰明智慧，勇健威猛如大力士。若是女人，得聞世尊藥師如來名號，至心受持，於後不復更受女身。」③

爾時，曼殊室利童子白佛言：「世尊！我當誓於像法轉時，以種種方便，令諸淨信善男子、善女人等，得聞世尊藥師琉璃光如來名號，乃至睡中亦以佛名覺悟其耳。世尊！若於此經受持讀誦，或復爲他演說開示，若自書、若教人書，恭敬尊重，以種種花香、塗香、末香、燒香、花鬘、瓔珞、幡蓋、伎樂而爲供養；以五色綵，作囊盛之；掃灑淨處，敷設高座而用安處。爾時，四大天王與其眷屬，及餘無量百千天衆皆詣其所，供養守護。世尊！若此經寶流行之處，有能受持，以彼世尊藥師琉璃光如來本願功德，及聞名號，當知是處無復橫死，亦復不爲諸惡鬼神奪其精氣；設已奪者還得如故，身心安樂。」

佛告曼殊室利：「如是！如是！如汝所說。曼殊室利！若有淨信善男子、善女人等，欲供養彼世尊藥師琉璃光如來者，應先造立彼佛形像，敷清淨座而安處之，散種種花，燒種種香，以種種幢幡莊嚴其處；七日七夜受持八分齋戒，食清淨食，澡浴香潔著新淨衣；應生無垢濁心、無怒害心，於一切有情起利益安樂、慈悲喜捨平等之心，鼓樂歌讚右繞佛像。復應念彼如來本願功德讀誦此經，思惟其義，演說開示，隨所樂求，一切皆遂；求長壽得長壽，求富饒得富饒，求官位得官位，求男女得男女。

若復有人忽得惡夢，見諸惡相或怪鳥來集，或於住處百怪出現；此人若以衆妙資具，恭敬供養彼世尊藥師琉璃光如來者，惡夢、惡相諸不吉祥皆悉隱沒，不能爲患。或有水、火、刀、毒、懸嶮、惡象、師子、虎狼、熊羆、毒蛇、惡蠍、蜈蚣、蚰蜒、蚊虻等怖，若能至心憶念彼佛，恭敬供養，一切怖畏皆得解脫。若他國侵擾、盜賊反亂，憶念恭敬彼如來者亦皆解脫。

「復次，曼殊室利！若有淨信善男子、善女人等，乃至盡形不事餘天，惟當一心歸佛、法、僧，受持禁戒，若五戒、十戒、菩薩四百戒、苾芻二百五十戒、苾芻尼五百戒，於所受中或有毀犯，怖墮惡趣，若能專念彼佛名號恭敬供養者，必定不受三惡趣生。或有女人臨當產時受於極苦，若能至心稱名禮讚、恭敬供養彼如來者，衆苦皆除，所生之子身分具足，形色端正見者歡喜，利根聰明安隱少病，無有非人奪其精氣。」

爾時，世尊告阿難言：「如我稱揚彼佛世尊藥師琉璃光如來所有功德，此是諸佛甚深行處，難可解了，汝爲信不？」

阿難白言：「大德世尊！我於如來所說契經，不生疑惑。所以者何？一切如來身、語、意業無不清淨。世尊！此日月輪可令墮落，妙高山王可使傾動，諸佛所言無有異也。世尊！有諸衆生信根不具，聞說諸佛甚深行處，作是思惟：『云何但念藥師琉璃光如來一佛名號，便獲爾所功德勝利？』由此不信，反生誹謗，彼於長夜失大利樂，墮諸惡趣，流轉無窮。」

佛告阿難：「是諸有情若聞世尊藥師琉璃光如來名號，至心受持不生疑惑，墮惡趣者無有是處。阿難！此是諸佛甚深所行難可信解，汝今能受，當知皆是如來威力。阿難！一切聲聞、獨覺及未登地諸菩薩等，皆悉不能如實信解，惟除一生所繫菩薩。阿難！人身難得，於三寶中信敬尊重亦難可得，得聞世尊藥師琉璃光如來名號，復難於是。阿難！彼藥師琉璃光如來無量菩薩行、無量善巧方便、無量廣大願，我若一劫、若一劫餘而廣說者，劫可速盡，彼佛行願、善巧方便無有盡也！」

爾時，眾中有一菩薩摩訶薩名曰救脫，即從座起，偏袒右肩，右膝著地，曲躬合掌而白佛言：「大德世尊！像法轉時，有諸眾生爲種種患之所困厄，長病羸瘦，不能飲食，喉脣乾燥，見諸方暗，死相現前，父母、親屬、朋友、知識啼泣圍繞。然彼自身臥在本處，見琰魔使引其神識至于琰魔法王之前。然諸有情，有俱生神隨其所作，若罪若福皆具書之，盡持授與琰魔法王。爾時，彼王推問其人，算計所作，隨其罪福而處斷之。時彼病人親屬、知識，若能爲彼歸依世尊藥師琉璃光如來，請諸衆僧轉讀此經，然七層之燈，懸五色續命神旛，或有是處，彼識得還，如在夢中明了自見。或經七日、或二十一日、或三十五日、或四十九日，彼識還時，如從夢覺，皆自憶知善、不善業所得果報，由自證見業果報故，乃至命難，亦不造作諸惡之業。是故淨信善男子、善女人等，皆應受持藥師琉璃光如來名號，隨力所能恭敬供養。」

爾時，阿難問救脫菩薩曰：「善男子！應云何恭敬供養彼世尊藥師琉璃光如來？續命旛燈復云何造？」

救脫菩薩言：「大德！若有病人欲脫病苦，當爲其人七日七夜受持八分齋戒；應以飲食及餘資具，隨力所辦供養苾芻僧；晝夜六時，禮拜供養彼世尊藥師琉璃光如來，讀誦此經四十九遍，然四十九燈，造彼如來形像七軀，一一像前各置七燈，一一燈量大如車輪，乃至四十九日光明不絕；造五色綵旛，長四十九搩手；應放雜類衆生至四十九，可得過度危厄之難，不爲諸橫惡鬼所持。

「復次，阿難！若剎帝利灌頂王等，災難起時，所謂人眾疾疫難、他國侵逼難、自界叛逆難、星宿變怪難、日月薄蝕難、非時風雨難、過時不雨難，彼剎帝利灌頂王等，爾時應於一切有情起慈悲心，赦諸繫閉，依前所說供養之法，供養彼世尊藥師琉璃光如來。由此善根及彼如來本願力故，令其國界即得安隱，風雨順時穀稼成熟，一切有情無病歡樂；於其國中，無有暴虐藥叉等神惱有情者，一切惡相皆即隱沒；而剎帝利灌頂王等，壽命色力無病自在皆得增益。阿難！若帝后、妃主、儲君、王子、大臣、輔相、中宮、采女、百官、黎庶，爲病所苦及餘厄難，亦應造立五色神旛，然燈續明放諸生命，散雜色華燒眾名香，病得除愈眾難解脫。」

爾時，阿難問救脫菩薩言：「善男子！云何已盡之命而可增益？」

救脫菩薩言：「大德！汝豈不聞如來說有九橫死耶？是故勸造續命旛燈，修諸福德；以修福故，盡其壽命，不經苦患。」

阿難問言：「九橫云何？」

救脫菩薩言：「若諸有情得病雖輕，然無醫藥及看病者，設復遇醫授以非藥，實不應死而便橫死。又信世間邪魔、外道、妖孽之師，妄說禍福便生恐動，心不自正卜問覓禍，殺種種眾生解奏神明，呼諸魍魎請乞福祐，欲冀延年終不能得，愚癡迷惑信邪倒見，遂令橫死入於地獄，無有出期是名初橫。二者，橫被王法之所誅戮。三者，畋獵嬉戲耽淫嗜酒，放逸無度，橫爲非人奪其精氣。四者，橫爲火焚。五者，橫爲水溺。六者，橫爲種種惡獸所噉。七者，橫墮山崖。八者，橫爲毒藥、厭禱、呪咀、起屍鬼等之所中害。九者，飢渴所困，不得飲食，而便橫死。是爲如來略說橫死，有此九種。其餘復有無量諸橫，難可具說。

「復次，阿難！彼琰魔王主領世間名籍之記，若諸有情不孝五逆破辱三寶，壞君臣法毀於信戒，琰魔法王隨罪輕重考而罰之，是故我今勸諸有情，然燈造幡放生修福，令度苦厄不遭眾難。」

爾時，眾中有十二藥叉大將，俱在會座，所謂：

宮毘羅大將　伐折羅大將　迷企羅大將　安底羅大將

頞儞羅大將　珊底羅大將　因達羅大將　波夷羅大將

摩虎羅大將　眞達羅大將　招杜羅大將　毘羯羅大將

此十二藥叉大將，一一各有七千藥叉以爲眷屬，同時舉聲白佛言：「世尊！我等今者蒙佛威力，得聞世尊藥師琉璃光如來名號，不復更有惡趣之怖。我等相率皆同一心，乃至盡形歸佛法僧，誓當荷負一切有情，爲作義利饒益安樂，隨於何等村城、國邑、空閑林中，若有流布此經，或復受持藥師琉璃光如來名號恭敬供養者，我等眷屬衛護是人，皆使解脫一切苦難，諸有願求悉令滿足；或有疾厄求度脫者，亦應讀誦此經，以五色縷結我名字，得如願已然後解結。」

爾時，世尊讚諸藥叉大將言：「善哉！善哉！大藥叉將！汝等念報世尊藥師琉璃光如來恩德者，常應如是利益安樂一切有情。」

爾時，阿難白佛言：「世尊！當何名此法門？我等云何奉持？」

佛告阿難：「此法門名說藥師琉璃光如來本願功德，亦名說十二神將饒益有情結願神呪，亦名拔除一切業障，應如是持。」

時，薄伽梵說是語已，諸菩薩摩訶薩及大聲聞，國王、大臣、婆羅門、居士，天、龍、藥叉、揵達縛、阿素洛、揭路荼、緊捺洛、莫呼洛伽、人、非人等，一切大眾聞佛所說，皆大歡喜信受奉行。

註釋

①本經文依「大正藏」玄奘大師所翻譯的《藥師琉璃光如來本願功德經》，一般通俗本在此段經文是「天龍八部、人、非人等」，而本經為「藥叉、人非人等」。

②通俗本在此處的經文為：「有八大菩薩，其名曰文殊師利菩薩、觀世音菩薩、得大勢菩薩、無盡意菩薩、寶檀華菩薩、藥王菩薩、藥上菩薩、彌勒菩薩。是大八菩薩乘空而來」，與玄奘版：「有八菩薩乘神通」不同。

③在通俗本中，此處會接續藥師真言及其種種功德的經文，此段經文是出自於義淨所翻譯《琉璃光七佛本願功德經》卷下，玄奘本則沒有此段經文。經文如下：

「復次，曼殊室利！彼藥師琉璃光如來得菩提時，由本願力，觀諸有情，遇眾病苦，瘦瘧、乾消、黃熱等病；或被厭魅、蠱道所中；或復短命，或時橫死；欲令是等病苦消除，所求願滿。時彼世尊入三摩地，名曰滅除一切眾生苦惱。既入定已，於肉髻中，出大光明，光中演說大陀羅尼咒曰：

「南謨薄伽伐帝，鞞殺社窶嚕，薜琉璃鉢喇婆，曷囉闍也，呾他揭多也，阿囉喝帝，三藐三勃陀也，怛姪他。唵！鞞殺逝，鞞殺逝，鞞殺社！三沒揭帝，莎訶！

爾時，光中說此咒已，大地震動，放大光明，一切眾生病苦皆除，受安隱樂。

「曼殊室利！若見男子女人，有病苦者，應當一心為彼病人，常清淨澡漱，或食或藥，或無蟲水，咒一百八遍，與彼服食，所有病苦，悉皆消滅。若有所求，指心念誦，皆得如意無病延年；命終之後，生彼世界，得不退轉，乃至菩提。是故，曼殊室利！若是男子女人，於彼藥師琉璃光如來，至心殷重，恭敬供養者，常持此咒，勿令廢忘。

「復次，曼殊室利！若有淨信男子女人，得聞如上七佛如來、應、正等覺所有名號，聞已誦持，晨嚼齒木，澡漱清淨，以諸香花、末香、燒香、塗香，作眾伎樂，供養形像。於此經典，若自書，若教人書，一心受持，聽聞其義，於彼法師，應修供養，一切所有資身之具，悉皆施與，勿令乏少。如是，便蒙諸佛護念，所求願滿，乃至菩提。」

第1章 關於藥師經

認識藥師經

《藥師琉璃光如來本願功德經》，梵名為 Bhagavān-bhaiṣajya-guru-vaidūrya-prabhasya pūrvapraṇidhāna-viśeṣa-vistara。略稱《藥師如來本願功德經》、《藥師本願功德經》、《藥師本願經》、《藥師經》。

本經是佛陀在廣嚴城樂音樹下，對文殊菩薩敘說藥師如來的十二大願，並說藥師如來的淨土是在過東方十殑伽沙等佛土的淨琉璃世界，其功德莊嚴如同西方阿彌陀佛的極樂世界一般。如果有墮惡道者，聽聞藥師如來的名號，則得以出生人間。

而且，如果發願往生西方極樂世界，但是心尚未定者，假若聽聞了藥師如來的佛號，則命終時將有八大菩薩乘其神通力來接引，往生極樂淨土。

其次，經文又敘述救脫菩薩對阿難宣說續命幡燈的法門，修持此法門可以脫離苦痛、延長壽命。此外，假若遭逢疾病疫難、其他國家的侵略逼難、國界內叛逆的災變、星宿變怪的災難、日蝕月蝕的災難、在不當時際的狂風暴雨、久旱不雨等種種災難時，如能供養藥師如來，不僅國界可以得致安穩，而且自身能夠免於九種橫死等等。

◈《藥師經》的宣說地點

《藥師經》是釋迦牟尼佛在廣嚴城所宣說的經典。廣嚴城是梵語 Vaisali（吠舍釐）的意譯，它位於現今印度甘達克（Gandak）河左岸哈齊普爾（Hājipur）以北八十英里木札伐浦爾（Muzzaffarpur）地方的巴莎爾（Basārh）。

根據玄奘在《大唐西域記》記載，有關於吠舍釐城的描述是：這個宮城周圍四五里（約四六〇〇英尺），土地肥沃，花果茂盛，天氣和暢，風俗淳質。

佛陀在廣嚴城宣說《藥師經》

此外，在《大般涅般經》卷上，記載了佛陀最後回眸觀看廣嚴城的因緣。

有一回，佛陀與諸比丘經過廣嚴城時，佛陀回眸觀看此城，臉上露出了微笑，阿難請問佛陀因何緣由而笑呢？

世尊回答說：「這是我最後一次觀看此城了。」說此話時，虛空中雖然沒有一絲的雲彩，卻開始下起雨來。

世尊告訴阿難說：「這是虛空諸天，聽聞了這是我最後觀看毗耶城（廣嚴城），心中都生起了大懊悔，因而悲感涕泣。這是天在流淚，不是真正的雨水。」

這是佛陀最後一次來到廣嚴城，廣

嚴城是佛陀經常遊化的地方，佛陀在此不僅宣說了《藥師經》，《維摩詰經》亦在此城宣說，而且，佛教史上第二次的經典結集，也是在此城舉行的。

◆藥師經的譯本

《藥師經》的譯本，除了本書所採的唐朝玄奘大師所翻譯的版本外，另外還有四種版本：

(1)東晉帛尸梨蜜多羅所翻譯的《拔除過罪生死得度經》。

(2)劉宋沙門釋慧簡於秣稜鹿野寺所譯出的版本，名為《藥師琉璃光經》。

(3)隋朝天竺沙門達磨笈多與法行、明則、長順、海馭等人，在洛陽重新翻譯的版本，名為《藥師如來本願經》。

(4)唐義淨於佛光寺內翻譯的版本，名為《藥師琉璃光七佛本願功德經》。這部經上卷總說東方藥師七佛淨土；下卷則特別明示出藥師琉璃光佛淨土及其本願功德，與玄奘的譯本約略相同。

前後各種譯本，或簡或繁，文辭雜糅，而其中以唐朝玄奘大師的譯本，成為後世所流通的版本。

◈藥師經的譯者——玄奘大師

關於《藥師如來本願功德經》的譯者——玄奘大師，他是洛陽東南的緱氏縣人。十五歲出家，二十九歲到印度取經。

在《玄奘全傳》中記載，玄奘法師誕生時，他的母親曾經作了一個奇特的夢，夢見玄奘穿著白色的衣服走向西方，在夢中的母親就趕忙問玄奘：

「你是我的兒子，你現在要到哪裏去？」

玄奘法師回答：

「我為了求法取經，要西去天竺。」

這一段奇異的夢境，透露出玄奘法師西去印度的前兆。

年輕的玄奘歷盡了千辛萬苦西行印度求法取經，回國後又致力於經論的翻譯，他是中國佛教史上偉大的譯師，由於他對印度佛學的全面通達，所以他所翻譯的經論亦廣博於一切。在他進行有系統有計劃的翻譯時期，他曾應東印度童子王的請求，將《老子》譯為梵文，又將馬鳴所著的《起信論》翻譯成梵文流傳至印度。

由於玄奘大師的梵文造詣精湛，又親自主譯，所以在名相的安立，文義的貫穿，無不精確，並校正出舊譯本的謬誤，開闢了中國譯經史上的新紀元。

此外，玄奘的門人很多，參加翻譯者大都跟從他學習，弟子有中外僧人數千名，其中最著名的神昉、嘉尚、普光和窺基，有「玄門四神足」之稱，繼承玄奘法脈的則推窺基。

由於玄奘大師的譯經傳教，長安成為當時世界佛教的中心，日本和韓國的許多

《藥師經》的譯者—玄奘大師

僧人都投到玄奘門下學佛，又把中國佛教與中國文化傳回其本國。玄奘與窺基創立的法相唯識宗在唐代即傳到日本，一度成為日本最有勢力的佛教宗派之一。

藥師經的見地

想要修持《藥師經》，最緊要的莫過於「了知藥師佛的心」。要了知藥師佛的心，最重要的是了知藥師佛的大願。藥師佛的悲願廣大不可思議，能成就圓滿一切眾生世間與出世間的願望。

在藥師佛第一大願中，「令一切有情如我無異（具足相好）」，即是願一切眾生成佛；而第二願，表現了其淨土與身相的特殊莊嚴——身如琉璃、內外明徹、淨無瑕穢。這二個大願是修持藥師法的行人要牢記於心不可忘記的。藥師佛能使眾生遠離一切惱害，滿足現實的一切願求，更是其獨特的願行。

修持《藥師經》的我們，如果能具足藥師佛的因地願行，不管修持藥師佛的任何法門，都能夠自然迅速地趨入藥師佛法海，成就莊嚴的淨琉璃世界，圓滿藥師琉璃光如來果德。

◆《藥師經》的意義

當我們讀誦《藥師經》或修持藥師佛法門時，都必須學習藥師佛，將自身化為藥師佛，讓藥師佛時時刻刻投入於自己的生活空間，讓自己成為大醫王、大藥王來幫助世間，在世間或出世間都能夠圓滿藥師佛的大願，這才是真正的《藥師經》行者，是依止隨順藥師佛誓願的藥師佛行者。

外層意義

從修學《藥師經》的外層意義來看，當我們修學《藥師經》時，藥師佛便會依其願力幫助、成就我們。這就像一般在中土眾生所誦念的：「南無消災延壽藥師佛」，祈請藥師佛能為我們消除災難，延長壽命。因此，修學藥師法可以讓我們的障礙消除，一切順利。

內層意義

從《藥師經》的內層意義來看，當我們修學藥師佛時，在心中要真正皈命藥師佛，學習藥師佛的境界，修學藥師佛的法門，發願往生藥師佛的淨土。這是修學《藥師經》的內意，相較於祈請藥師佛給予我們消災、延壽，其意義則更加殊勝了。

密層意義

另外，從密層意義的境界來看，當我們讀誦藥師佛的微妙上願時，我們就學習發起跟藥師佛同樣不可思議的無上菩提心，而逐漸次第的圓滿，成就藥師佛的境界。如此一來，我們就獲得藥師佛的灌頂，而終將圓滿成就藥師佛的功德。使我們的身體、語言、心意逐漸圓同藥師佛一般，將《藥師經》實踐在生活當中，這是更殊勝的密層意義。

秘密層意義

但是，從藥師佛的秘密層意義來看，前面三個層次還是屬於次第的修法。而最殊勝、最不可思議的修法，在藥師佛的第一大願與第二大願中有明白的顯示：藥師佛認許我們現身即是藥師佛！這是最殊勝的真正秘密義：現前一切眾生皆是藥師佛！

所以，我們對於自身不應該有下劣想，如果有下劣想的話，就違背了《藥師經》的秘密義，也就是違反《藥師經》的究竟義了。

這部《藥師琉璃光如來本願功德經》，其文字並不太長，而且很容易讀誦，是一部不可思議的大法；假若我們可以對藥師佛的十二誓願有深刻、清楚的了解，就能掌握《藥師經》的見地，成就殊勝的藥師法門，《藥師經》即是圓滿成就一切現成智慧的大法。

藥師琉璃光如來

◆關於藥師佛的名號

藥師如來的全名為藥師琉璃光王，梵名為Bhaiṣaiya-guru-vaidurya-prabharajah通稱為藥師琉璃光如來，簡稱藥師佛。在《佛說藥師如來本願經》上記載，東方過娑婆世界十恒河沙佛土之外，有佛土名為淨琉璃，那個佛土的佛陀，佛號為藥師琉璃光如來。

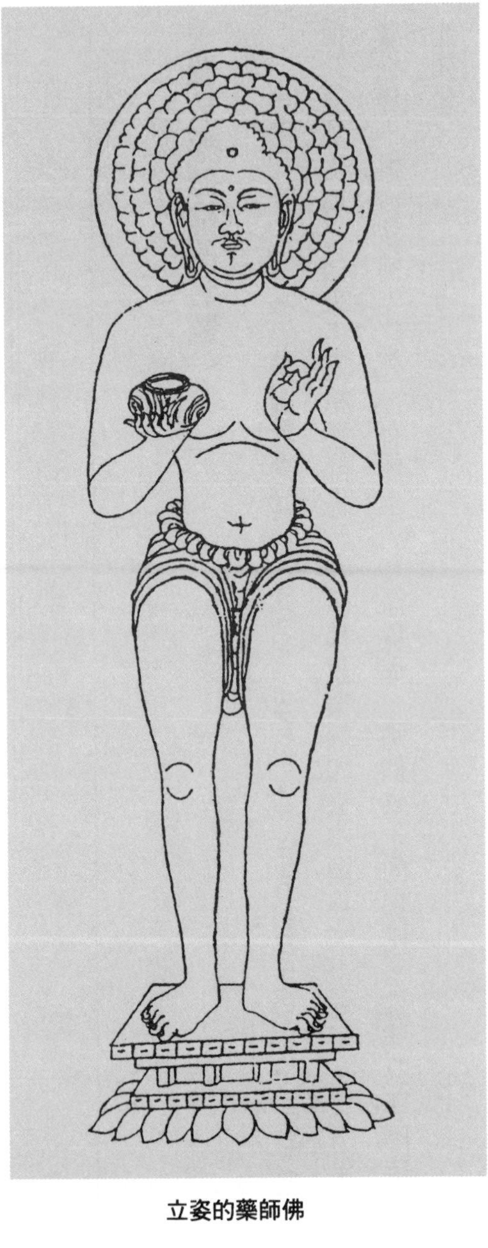
立姿的藥師佛

諸佛的名號表徵著諸佛的聖德，與他的本願、行持相符合。諸佛的名號是名實相符的，眾生的名號常常只是一個幻有，或是名實不符；但是，諸佛沒有虛名，是如實名；而且每一位佛陀的名號都是甚深清淨的因緣，為甚深清淨的淨業所成就。

藥師琉璃光如來的聖號來源，「藥師」是以能拔除眾生生死的無明苦痛，所以名為藥師；「琉璃光」則是以能夠明照度化地獄、惡鬼、畜生三有的黑闇。所以名為琉璃光。

藥師佛的成就就如同他的佛號「藥師琉璃光如來」一般，身如清淨琉璃，如同明鏡、寶石，身如無雲晴空光明熾燃照耀，這正代表著將心的雜染去除之後的光明清澈透明，也代表著世間與出世間的圓滿、以及大菩提道成就的清淨光明之身。這是世間的光明清淨，也是出世間的光明清淨，是世間與出世間二者圓滿，是大菩提道的圓滿，因此，他的世界也是淨琉璃所成的世界。

藥師佛與藥師七佛

藥師佛在經典裡有兩個系統，一個是以藥師佛為主的《藥師本願功德經》，另一個是以七佛藥師為主的《藥師七佛經》。在《藥師七佛經》裡所傳的七佛各有不同的名稱，也各有不同的願力，其中則以藥師琉璃光佛最為殊勝圓滿。

藥師琉璃光七佛的名號分別是：善名稱吉祥王如來、寶月智嚴光音自在王如來、金色寶光妙行成就如來，無憂最勝吉祥王如來、法海雷音如來、法海勝慧遊戲神通如來、藥師琉璃光如來。

◆一切諸佛都是大醫生

就廣大緣起義而言，一切諸佛都是大醫王；就整個佛法而言，藥師佛並不是特有獨一的，一切諸佛都可以稱為藥師佛。而且以平等義的觀點來說，眾生未成佛就是有眾生相；諸佛都是來醫療眾生的，所以諸佛是眾生身心最究竟的醫療者，諸佛不只幫助眾生身體的病痛，也療癒精神、心理上的傷痛，就其根本的病因來斷除。

不只如此，諸佛不但幫助我們成就一切智智①，還要幫助我們斷除一切因果輪迴的纏縛，成就證得真如實相，成證究竟的果位境界。在身體方面，也要幫助我們建立三十二相八十種好的種種微妙莊嚴的佛身，讓我們的身體與心都得到究竟的利益，獲得慈悲與智慧。不僅能夠自受用，並且能夠幫助他人受用；自己得到覺悟，亦能幫助他人覺悟，讓自己與他人都得到究竟的利益。

從這樣的立場來觀察，十方諸佛都是大醫王，我們在未能成就佛果境界之前，都是受到佛陀照顧的病人；一切的佛法都可以說是藥師佛法門，這是以法性②中所顯現的廣大緣起來說明。

然而，就個別特殊的緣起意義來說，藥師佛就是藥王，是救度世間的大悲者，是不可思議世間與出世間成就者，所以名為「藥師」。

藥師佛是十方諸多佛陀中的一位佛陀，在諸佛對眾生平等無差別的救濟度化中，藥師佛與人間特有的病相因緣特別相應，醫療眾生身體的苦，心的苦，種種貪、瞋、癡三毒的苦，所以藥師佛示現出他對眾生在世間與出世間的現前救濟。

從緣起上、現象上的病相，如頭痛、腳痛，手、腳骨折，心臟不好等種種病相，到由於心中最深沉無明的因緣，顯現到已經成熟的果的病痛，藥師如來在此都給予特別的救度。因此，藥師佛的修持法門就成為醫療上特別明顯的方法。

所以，藥師法門有其特殊的相應性，眾生之所以為眾生，是因為眾生是染污的，是有病的。藥師佛施予眾生救濟度化，藥師佛不只救濟我們這個世間的身體，還救度我們成就無上菩提的大道，成證出世間的佛果境界，讓我們在世間與出世間都能圓滿成就。

在藥師佛的本願當中，藥師佛不只斷除一切眾生的病苦，而且直接指出一條究竟的菩提大道。

因此，藥師佛的法門就成為佛法中特殊的藥師法門。雖然在廣義上，一切諸佛皆是大醫王，一切佛法皆是藥師法，但是在此卻又有不共的藥師佛，不共的藥師法門；諸佛萬法在法性上都是平等無二的，而在緣起上標指出一個獨特的特殊意義與標幟。

◈藥師佛的形象

關於藥師佛的形象，在藥師佛的相關經典中，可以找出藥師佛的各種造像，或是立姿，或是坐姿，或手無持物、或有持物。

1.左手與願、右手施無畏的藥師如來像

在《覺禪鈔》「藥師卷」有記載：藥師佛的立像，左手為與願印、右手為施無畏印。

左手與願·右手施無畏的藥師如來像

左掌持藥壺的藥師如來像

2.左掌持寶珠或藥壺的藥師如來像

藥師形象有持藥壺者和持寶珠者二種。持寶珠的藥師佛像是屬於中國北魏及日本飛鳥時代的一般造像，日本法輪寺金堂安置的藥師佛像是在須彌座上趺坐，右手開而舉高，左手置於膝上，第四指、中指二指稍屈，掌上持寶珠。又東京田中豐藏氏所藏的唐代寫經圖裡的繪像是舉左手，右手持寶珠。

在澄豪《總持抄》第一「藥師法事」中說明藥壺與寶珠形像類似，以至後世因藥師的稱號使之持藥壺。

在《藥師如來念誦儀軌》中說明藥師形象為左手執藥器，亦名無價珠。右手作結三界印，身著袈裟結跏趺坐，安坐於蓮華台上。台下有十二神將，在如來威光中安住有日光、月光二位菩薩。

3.持缽和錫杖的藥師佛形像

在《圖像抄》中有記載藥師佛持缽、錫杖者，或是左手持缽，其缽為十二角。右手作施無畏。

此外，還有手結定印與手結說法印的藥師佛形象。

持缽與錫杖的藥師佛形像

而且在《別尊雜記》及《覺禪鈔》中有藥師如來與八大菩薩的圖像，其中央繪出藥師如來，其右邊圍繞寶檀華菩薩、文殊菩薩、藥上菩薩、勢至菩薩；左邊圍繞著無盡意菩薩、彌勒菩薩、藥王菩薩、觀音菩薩等八大菩薩。

手結定印的藥師佛

藥師如來八大菩薩像（出自《別尊雜記》）

◈藥師佛的琉璃淨土

藥師如來的淨土，又稱為淨琉璃世界，由於藥師佛之身清淨如同琉璃一般，他的淨土也是如此，所以稱為淨琉璃世界。

又由於這一淨土是在東方十恆河沙國土以外，所以又稱為東方淨土。另外，阿閦佛的妙喜淨土，也稱為東方淨土。

在佛典中有東、西兩大淨土——東方為阿閦佛國土、西方為阿彌陀佛淨土。在古代印度，阿閦佛國土是較被廣泛崇信的，同樣是東方淨土的藥師佛淨土在那個時代雖然有提及，卻不是那麼流行。然而，當淨土經典傳入中國之後，阿閦佛的妙喜淨土，與中國的眾生似乎沒有那麼深的因緣，反倒是藥師佛淨土被普遍地弘揚，藥師佛的淨琉璃世界也就變成了大家嚮往的淨土。而且在中國的一般佛寺中，常見到釋迦牟尼佛、阿彌陀佛及藥師琉璃光如來等三寶佛，這是過去印度所未曾有的。

在經典中，關於藥師佛淨土的描繪其實並不多，其描寫大都是側重於藥師佛的本願與現世的救度。

在隋代天竺三藏法師達摩笈多的譯本《佛說藥師如來本願經》中有淨琉璃世界記載：「彼佛國土一向清淨，無女人形，離諸欲惡，亦無一切惡道苦聲。琉璃為地，城闕、垣牆、門窗、堂閣、柱樑、斗拱、周匝羅網皆七寶成；如極樂國淨琉璃界莊嚴如是。於其國中有二菩薩摩訶薩：一名日光，二名月光，於彼無量無數諸菩薩眾最為上首，持彼世尊藥師琉璃光如來正法之藏。是故曼殊室利，信心善男子、善女人，當願生彼佛國土。」

而《藥師琉璃光七佛本願功德經》卷下也有類似的記載：「然彼佛土純一清淨，無諸欲染，亦無女人及三惡趣苦惱之聲，以淨琉璃而為其地，城闕、宮殿及諸廊宇、軒窓、羅網皆七寶成，亦如西方極樂世界功德莊嚴。於其彼國中有二菩薩：一名日光遍照，二名月光遍照，於彼無量無數菩薩眾中而為上首，能持彼佛正法寶藏。是故，曼殊室利！若有淨信男子、女人，應當願生彼佛世界。」

藥師佛的世界是純一清淨透明的琉璃色世界，整個地面是藍色透明的淨琉璃，莊嚴的城闕宮殿等，也都是由七寶所成，其國土中沒有諸種染欲，也沒有地獄、惡鬼、畜生三惡趣等苦惱。琉璃淨土莊嚴無比，就如同阿彌陀佛的極樂世界一般。

藥師淨土（敦煌石窟）

這琉璃淨土是依藥師佛因地本願所證成的依報世界。在印順法師的《淨土與禪》中，從藥師佛的十二大願來標指出淨琉璃世界的特色：

㈠人人平等。藥師淨土上的一切眾，相好莊嚴如同藥師佛一般；這其實意味著眾生與佛陀的體性無所分別。

㈡佛光普照，人人能成辦一切事業。如果以世間的光明來說，就像日出時，人們才開始進行他們的各種事業工作。而智慧也可稱為光明，因為沒有具足智慧，遇到困難時就無法順利進行，但是有了智慧光明，事情就能無不成辦了。藥師佛以無量智慧光明普照大眾，使幽冥的眾生智慧開曉，所作的事業，能具足成就。

㈢資生物質非常充足。淨土的居民人人平等，智力開展，事事成就，所以生產豐富，民生安樂。

㈣人人安住大乘。在此淨土中，人人都安住於大乘菩薩行，不離於世間，又不執著世間。

㈤戒行清淨。淨土眾生的行為都符合於道德，沒有殺盜淫妄的種種罪惡行為。人格健全，德行具足。

㈥淨土眾生，沒有六根不具足的。

㈦淨土中沒有眾病的迫切苦。

㈧人人都是丈夫相。淨土的眾生都是單一性，沒有男女的分別，都是丈夫相。

㈨思想見地正確，意志堅定。淨土眾生不受魔網所纏縛，不為外道邪見所欺騙，人人修習大乘正道。

㈩眾生不受王法所錄。古有「政簡刑輕」的理想；政治修明到沒有犯罪事件，社會和平而快樂。

⑪淨土中飲食豐足，而又進一步的飽餐法味。淨土中，身心都有良好的糧食。

⑫沒有貧無衣服，或常蚊蟲寒熱逼惱的痛苦，不但服飾不缺，還有種種正當的娛樂。

淨土中，不但物質生活豐庶理想，更能不斷地在生活中讓智慧、道德趨向佛道而進修增長。藥師佛在因地中立下這樣的大願，而形成了這樣殊勝圓滿的藥師琉璃淨土。

註釋

①一切智智

意為一切智中最殊勝者，即佛陀自證的不共智慧。是盡知一切的智慧。音譯作薩婆若那，為佛智的異名。

②法性

指諸法的真實體性。

解讀藥師經

第2章

說法因緣

經文

如是我聞：一時，薄伽梵遊化諸國，至廣嚴城住樂音樹下，與大苾芻眾八千人俱，菩薩摩訶薩三萬六千，及國王、大臣、婆羅門、居士、天、龍、藥叉、人、非人等，無量大眾恭敬圍繞而爲說法。

爾時，曼殊室利法王子承佛威神，從座而起，偏袒一肩，右膝著地，向薄伽梵曲躬合掌，白言：「世尊！惟願演說如是相類諸佛名號，及本大願殊勝功德，令諸聞者業障銷除，爲欲利樂像法轉時諸有情故。」

爾時，世尊讚曼殊室利童子言：「善哉！善哉！曼殊室利！汝以大悲，勸請我說諸佛名號、本願功德，爲拔業障所纏有情，利益安樂像法轉時諸有情故。汝今諦聽！極善思惟，當爲汝說。」

曼殊室利言：「唯然！願說！我等樂聞。」

語譯

這部經典是我阿難聽聞佛陀的開示之後，如實宣說的。

當時，佛陀在遊行教化許多國家後，來到了毘舍離國廣嚴城，安住在樂音樹下，與八千位大比丘眾共聚一起，此外還有三萬六千位大菩薩，以及國王、大臣、婆羅門、居士、天、龍、夜叉及人、非人等無量無數的大眾，大家恭敬圍繞著佛陀，佛陀正為他們說法。

那時，文殊師利法王子受持著佛陀的威神力，從座位中站起來向佛致敬，偏袒一肩的衣裳，右膝著地單腳下跪向佛陀祈請：「世尊！祈願您能演說與此本願功德相類似的諸位佛陀名號，以及他們根本廣大誓願的殊勝功德，能使所有聽聞者消除業障，這是為了能夠利益安樂，在不究竟的相似佛法特別多的像法時期的許多有情眾生。」

這時，佛陀讚歎文殊師利童子說：「善哉！善哉！文殊師利！你以大悲心勸請我演說諸佛的名號，以及他們的本願功德，為了拔除被業障所纏縛的有情眾生，並利益安樂像法時期的諸多有情眾生的緣故。你現在仔細地諦聽，並且極盡善巧地思惟，我現在當為你宣說。」

文殊師利菩薩說：「是的！祈願世尊宣說，我們都樂於聽聞。」

解說

佛陀在毘舍離國廣嚴城的樂音樹下說法。那時，文殊菩薩祈請佛陀演說佛的名號及大願功德，使聽聞者能夠業障清淨，利益安樂像法時期的諸有情眾生等。

◆在廣嚴城聽聞佛陀說法

「如是我聞」是阿難誦出《藥師經》的因由，「如是」是指所聽聞的法，也就是這部經典，「我聞」是指能聽聞法而成就的人，也就是時空因緣中的阿難。

經中的「薄伽梵」為梵文Bhagavata的音譯，其意譯為世尊，為佛陀十號之一。在《大乘義章》卷二十記載：「佛備眾德，為世欽重，故號世尊。」也就是為世間之人所尊重的意思。

在本文中，佛陀遊化諸國來到廣嚴城，安住於樂音樹下。「樂音樹」為樹名，這樹名的來由是當微風吹動樹時，此樹會發出音樂般的美妙音聲，所以名為樂音樹。

與大苾芻眾八千人，經文中的「苾芻」，指比丘，是梵語bhiksu之音譯，此指出家得度、受具足戒的男子。《大智度論》卷三中指出比丘有五種義：⑴乞士⑵破煩惱⑶出家人⑷淨持戒⑸怖魔。

還有三萬六千位菩薩摩訶薩，「菩薩摩訶薩」是指大菩薩，在此是指修學大乘法門的菩薩眾。「菩薩」是菩提薩埵的簡稱，其梵語為Bodhisattva，意譯為「覺有情」，也就是覺悟的有情眾生。菩薩不僅自覺，而且覺他，是自求覺悟宇宙的實相，而且幫助眾生獲得覺悟者。

「婆羅門」是古印度社會制度中的一種，此階級的人自認為是梵天的後裔。在印度的四種種姓中，以婆羅門階級最具勢力，婆羅門一生可分為四個時期，即*1.*梵行期：離家前往師傅家學習吠陀。2.家住期：歸住自家，娶妻營生，作祭祀供犧，行布施。3.林棲期：家業交給兒子，隱遁林間，修行苦行鍛鍊身心。4.遊行期：離開山林，遊行四方，超脫世事，接受布施。

「天」是指梵天、帝釋天、四天王等天神眾。

「龍」是指八大龍王等水族之王。

「藥叉」又稱為夜叉，是天眾、龍眾、夜叉、乾闥婆（香神）、阿修羅（非天）、迦樓羅（金翅鳥）、緊那羅（樂神或非人）、摩睺羅迦（大蟒神）等八部眾之一，在四天王八部神將中，也以藥叉居首。在《護世四天王經》，藥叉居於重要的護法，他們護持佛法的誓願深強。

藥叉就是金剛力士，可分為天行藥叉、空行藥叉、地行藥叉。其義翻為勇健，顯示其是勇敢強有力者，不被一切催伏而能摧伏一切。又翻為疾捷，以三種藥叉，示現威德自在，人間天上，往來迅速，迅疾如風。

佛陀在毘舍離國的廣嚴城宣說《藥師經》，因此當我們讀誦到此段經文時，我們應該有參與勝會身歷其境的感覺，彷彿我們在廣嚴城聽聞著佛陀說法，我們的心傳承著佛陀無間的大覺；也就是佛陀宣說藥師法門的當前一念，我們一心傳承著佛陀不可思議的心意。

在這樣的心意中，彈指間，我們即現前安住在釋迦牟尼佛的心中。是當下一念現前，是過去、現在、未來三心不可得，十方亦不可得。當下不可得，時間不可得，十方三世同時炳現的緣故，我們現前安住藥師淨琉璃世界，一切現前即是藥師佛。

我們從佛陀的心意中傳承著無間淨琉璃甘露，一切都是藥師淨琉璃光所成，現前如實交付予我們。

◈請法者——文殊室利菩薩

《藥師琉璃光如來本願功德經》就是由文殊室利法王子的因緣而流傳出來的。在經文中記載，曼殊室利法王子承著佛陀的威神力，從座上而起，「曼殊室利」即是文殊菩薩，或名為文殊師利、妙吉祥。在本書中的白話語譯，皆以文殊師利菩薩統稱。

文殊師利菩薩是大乘佛教中以智慧著稱的菩薩，是輔佐釋尊弘法的上首，因此被稱為文殊師利法王子。大智文殊師利菩薩祈請佛陀為大家演說諸佛名號及其殊勝的本願功德。這諸佛的聖號與大願，常常是佛陀說法時的重要內容。

由於文殊師利的大悲心，希望能夠利益安樂在不究竟的像法時代的有情眾生，而祈請佛陀說法。佛陀因此便相應文殊菩薩的因緣，而開始宣說。

佛法的住世有三個時期，分別是：正法、像法、末法時代，正法時代是如來滅後，教法住世，依教法修行即能證果。像法是相似佛法特別多的時代，在此時代雖

〈藥師經〉的請法者——
文殊師利菩薩

然有教法及修行者，大多無法證果。末法時代是眾生的善根越來越淺薄，煩惱越來越重，雖然有教法垂世，人們也稟持著教法，然而修行證果者少之又少。

由於文殊菩薩的祈請，世尊讚歎文殊師利童子，「童子」是梵語 **Kumāra**，菩薩是如來之子，因其保有童真，赤子之心，所以也稱之為童子。

佛陀讚歎文殊師利菩薩以大悲心勸請佛陀宣說本經，在菩薩眾中，文殊師利菩薩通常以智慧第一著稱，其實他的大悲心相較於智慧，只是九十八分與九十九分之差。所以當文殊師利菩薩為了拔除為業障所纏縛的有情眾生，勸請佛陀演說諸佛名號與本願功德時，佛陀讚嘆文殊師利菩薩的大悲之心。

文殊師利菩薩既蒙佛陀的讚許，心中踴躍喜樂，很歡喜地等著聽聞佛陀說法。

藥師佛的十二大願

經文

佛告曼殊室利：「東方去此過十殑伽沙等佛土，有世界名淨琉璃，佛號藥師琉璃光如來、應、正等覺、明行圓滿、善逝、世間解、無上丈夫、調御士、天人師、佛、薄伽梵。曼殊室利！彼佛世尊藥師琉璃光如來，本行菩薩道時發十二大願，令諸有情所求皆得：

第一大願：願我來世得阿耨多羅三藐三菩提時，自身光明熾然照曜無量無數無邊世界，以三十二大丈夫相，八十隨好，莊嚴其身，令一切有情如我無異。

第二大願：願我來世得菩提時，身如琉璃內外明徹，淨無瑕穢光明廣大，功德巍巍，身善安住，焰網莊嚴過於日月，幽冥眾生悉蒙開曉，隨意所趣作諸事業。

第三大願：願我來世得菩提時，以無量無邊智慧方便，令諸有情皆得無盡所受用物，莫令眾生有所乏少。

第四大願：願我來世得菩提時，若諸有情行邪道者，悉令安住菩提道中；若行聲聞、獨覺乘者，皆以大乘而安立之。

第五大願：願我來世得菩提時，若有無量無邊有情於我法中修行梵行，一切皆令得不缺戒，具三聚戒；設有毀犯，聞我名已，還得清淨，不墮惡趣。

第六大願：願我來世得菩提時，若諸有情其身下劣、諸根不具、醜陋、頑愚、盲聾、瘖啞、攣躄、背僂、白癩、癲狂種種病苦；聞我名已，一切皆得端正黠慧，諸根完具，無諸疾苦。

第七大願：願我來世得菩提時，若諸有情眾病逼切，無救、無歸、無醫、無藥、無親、無家，貧窮多苦；我之名號一經其耳，眾病悉得除，身心安樂，家屬資具悉皆豐足，乃至證得無上菩提。

第八大願：願我來世得菩提時，若有女人為女百惡之所逼惱，極生厭離，願捨女身；聞我名已，一切皆得轉女成男，具丈夫相，乃至證得無上菩提。

第九大願：願我來世得菩提時，令諸有情出魔羂(ㄐㄩㄢˋ)網，解脫一切外道纏縛(ㄈㄨˊ)；若墮種種惡見稠林，皆當引攝置於正見，漸令修習諸菩薩行，速證無上正等菩提。

第十大願：願我來世得菩提時，若諸有情王法所錄，縲(ㄌㄟˊ)縛(ㄈㄨˊ)鞭撻(ㄊㄚˋ)、繫閉牢獄，或當刑戮(ㄌㄨˋ)，及餘無量災難凌辱，悲愁煎迫，身心受苦；若聞我名，以我福德威神力故，皆得解脫一切憂苦。

第十一大願：願我來世得菩提時，若諸有情饑(ㄐㄧ)渴所惱，為求食故造諸惡業；得聞我名，專念受持，我當先以上妙飲食飽足其身，後以法味畢竟安樂而建立之。

第十二大願：願我來世得菩提時，若諸有情貧無衣服，蚊虻(ㄇㄥˊ)、寒熱晝夜逼惱；若聞我名，專念受持，如其所好（ㄏㄠˋ），即得種種上妙衣服，亦得一切寶莊嚴具，華（ㄏㄨㄚ）鬘（ㄇㄢˊ）、塗香、鼓樂（ㄩㄝˋ）、眾伎（ㄐㄧˋ），隨心所翫（ㄨㄢˋ），皆令滿足。

「曼殊室利！是為彼世尊藥師琉璃光如來、應、正等覺，行菩薩道時所發十二微妙上願。

語譯

佛陀告訴文殊師利菩薩：「東方距離我們娑婆世界，經過等同十座恆河沙數的佛土，有一個世界名為淨琉璃佛土，這個世界的佛陀稱為藥師琉璃光如來、應供、正等覺、明行圓滿、善逝、世間解、無上士、調御丈夫、天人師、佛、薄伽梵具足佛陀的十號。文殊師利！這位佛世尊藥師琉璃光如來，在他過去修行菩薩道的時候，曾發起十二種殊勝大願，欲使有情眾生的祈求都得以圓滿。

「第一大願，祈願我於來世得證無上正等正覺時，自身的光明十分熾然明亮，照耀著無量無數無邊的世界。並以三十二種大丈夫相及八十種隨形好來莊嚴自身，而且令一切有情眾生，和我一樣沒有任何的差別。

「第二大願，祈願我於來世得證無上菩提時，身體就如同琉璃一般，內外光明澄徹，清淨沒有任何瑕垢污穢，光明廣大無邊，功德浩瀚巍巍，身相善巧安住，光焰羅網交織，莊嚴勝過日月光明；就算身處於幽冥世界的眾生，都能承蒙藥師佛的開示曉悟，隨著眾生各自心意的趣向，成作各種事業。

「第三大願，祈願我於來世得證無上菩提時，以無量無邊的智慧方便，使所有的有情眾生都能獲得受用無盡的物資，莫令眾生有所匱乏缺少。

「第四大願，祈願我於未來世得證無上菩提時，假若有施行邪道的有情眾生，全部都能使他們安住於無上菩提道中；假若有奉行聲聞與獨覺等小乘者，也都能以大乘教法來安立教化他們。

「第五大願，祈願我於未來世得證無上菩提時，假若有無量無邊的有情眾生，能在我的法門中修行清淨的梵行，從此能使他們具足一切戒行圓滿，眾戒不再有所缺漏，具足攝律儀戒、攝善法戒、饒益有情戒等三聚淨戒；假設有毀犯戒法，聽聞我的名號後，能夠還得清淨，不會墮於地獄、惡鬼、畜生等三途惡趣。

「第六大願，祈願我於未來世得證無上菩提時，假若有有情眾生的身體下劣，各種諸根器官若有殘缺不具足，並且相貌醜陋、頑固愚笨，眼盲耳聾、聲音嘶啞、啞巴、瘸手跛腳、駝背、麻瘋、癲狂等種種的病苦；只要聽聞我的名號，所有的這一切殘障缺陷，都能得到端正、清明黠慧，所有的器官諸根完好具足，沒有各種的疾病痛苦。

「第七大願，願我於未來世得證無上菩提時，假若有有情眾生，被眾多的疾病逼迫折磨，而且沒有人能夠救濟、沒有依歸，沒有醫治，沒有用藥，沒有親人、沒有家庭眷屬，貧困窮苦；如果我的名號，一經過他的耳中聽聞的話，這些種種的疾病都能消除，而且身心輕安喜樂，家庭眷屬所有的物資，都能全部豐富充足，乃至於證得無上正等正覺。

「第八大願，祈願我於未來世得證無上菩提時，假若有女人，被女人的百惡苦難所逼迫煩惱，產生厭離的心，祈願能夠捨棄女身、轉女成男；在聽聞我的名號後，這一切願望都能滿足，能轉女身為男身，具足大丈夫相，乃至於證得無上正等正覺。

「第九大願，祈願我於未來世得證無上菩提時，能使有情眾生，超出諸魔的羂索羅網，解脫一切外道的纏縛；假若眾生墮於種種邪惡見解的稠林當中，皆當導引攝持他們，將他們安置於正見當中，並且逐漸地使他們修習各種的菩薩行，迅速的證得無上正等正覺。

「第十大願，祈願我於未來世得證無上菩提時，假若有有情眾生，受到國家法律、王法的制裁，遭受繩索縛綁、鞭撻，繫閉於牢獄之中；或是應當受到刑法殺戮，及面臨無量的災難與凌辱，悲哀愁苦煎熬逼迫，身心飽受苦惱；假若聽聞我的名字，以我的福德威神力的緣故，全部都得以解脫一切憂苦。

「第十一大願，祈願我於來世得證無上菩提時，假若有有情眾生，被飢渴所逼惱，而為了求得飲食的緣故，造出許多的惡業；如果得以聽聞我的名號，並且專心憶念受持的話，我當會先以上好美妙的飲食，使他們飽足，接者再以正法的美味，讓他們獲得畢竟的安樂，並安立於正法之中。

「第十二大願，祈願我於未來世得證無上菩提時，假若有有情眾生，因為貧苦而沒有衣服穿著，受到蚊蠅虻蟲的叮咬及天氣寒冷、暑熱晝夜不斷的逼惱；假若聽聞我的名號，專心憶念受持，就會相應於他的所好需求，即刻獲得種種上妙的衣服，亦能獲得一切妙寶莊嚴的具器，華鬘、塗香，鼓聲樂音及眾多伎藝，隨著他們的心意喜好，都能獲得滿足實現。

「文殊師利啊！以上是這位世尊藥師琉璃光如來、應、正等覺，在修行菩薩道時，所發起的十二種微妙無上誓願。

解說

本段經文說明藥師佛十二大願的功德利益，這十二大願是成就東方琉璃世界的主體，是藥師佛往昔行菩薩道時，所發起利樂有情的十二大願。

◆如來十號

佛陀告訴文殊師利菩薩東方世界的藥師佛名號。如來、應供、正等覺、明行圓滿、善逝、世間解、無上士、調御丈夫、天人師、佛、薄伽梵等，這是如來的十種稱號，雖然稱為十號，然而常常列舉出十一個稱號。

根據《大智度論》卷二及《大乘義章》卷二十末，以下分別說明，即：

(1)如來，音譯為多陀阿伽陀，即乘著如實之道而來，而成就正等正覺意思。

(2)應供，其音譯阿羅漢，意指應受人天的供養。

(3)正遍知，其音譯三藐三佛陀，是能正遍了知一切諸法。

(4)明行足，即天眼、宿命、漏盡三明及身體、語言的行業悉皆圓滿具足。

⑸善逝，是以一切智為大車，施行八正道①而入於涅槃。

⑹世間解，是了知眾生、非眾生兩種世間，所以了知世間滅及出世間之道。

⑺無上士，諸法中，涅槃無上；在一切眾生中，佛亦無上。

⑻調御丈夫，是指佛的大慈與大智，時常說柔軟美妙的言語，或是悲切關心的言語、雜語等，以種種方便調和駕御修行者（丈夫），使之住於涅槃。

⑼天人師，是示現引導眾生何者應作、何者不應作，何者是善或是不善，都令他們解脫煩惱。

⑽佛，即是自我覺悟、並覺悟他人、覺行圓滿，知見過去、未來、現在三世一切諸法。

⑾世尊，即具備眾德而為世人所尊重恭敬。

此外，在很多的經論中亦有僅列舉出十種名號，是將世間解、無上士合為一號，或是將佛、世尊合為一號，或是將無上士、調御丈夫合為一號等類型。

◆眾生與佛陀平等的願

藥師佛的第一大願是發願當他來世得證阿耨多羅三藐三菩提時，自身的光明熾然照耀無量無數無邊的世界，以三十二大丈夫相，八十隨形好，莊嚴自身，而且令一切有情眾生，如同藥師佛一般等無差別。

佛身的相好莊嚴

圓滿的佛身具足了三十二大丈夫相，八十種隨好，這是人類生理發展的最理想狀況。佛身不只在造型上十分莊嚴圓滿，而且在人體的構造上符合物理運動的原則，可以說是人類身體最好的進化型態。

「三十二大丈夫相」是佛陀的三十二種莊嚴相好，它們分別是：一、足安平，二、足千輻輪，三、手指纖長，四、手足柔軟，五、手足縵網，六、足跟圓滿，七、足趺高好，八、腨如鹿王，九、手長過膝，十、馬陰藏，十一、身縱廣，十二、毛孔青色，十三、身毛上靡，十四、身金光，十五、常光一丈，十六、皮膚細滑，十七、七處平滿，十八、兩腋滿，十九、身如師子，二十、身端直，二十一、肩圓滿，

二十二、口四十齒，二十三、齒白齊密，二十四、四牙白淨，二十五、頰車如師子，二十六、咽中津液得上味，二十七、廣長舌，二十八、梵音深遠，二十九、眼色紺青，三十、睫如牛王，三十一、眉間白毫，三十二、頂成肉髻。

「八十隨好」又名「八十隨形好」，即無見頂相、鼻高不現孔、眉如初月、耳輪垂埵、身堅實如那羅延、骨際如鉤鎖、身一時迴旋如象王、行時足去地四寸而現印文、爪如赤銅色薄而潤澤、膝骨堅而圓好、身清潔、身柔軟、身不曲、指圓而纖細、指文藏復、脈深不現、踝不現、身潤澤、身自持不逶迤、身滿足、容儀備足、容儀滿足、住處安無能動者、威振一切、一切眾生見之而樂、面型不長、不大、正容貌而色不撓、面具滿足、唇如頻婆果之色、言音深遠、臍深而圓好、毛右旋、手足滿足、手足如意、手文明直、手文長、手文不斷、一切惡心之眾生見者和悅、面廣而殊好、面淨滿如月、隨眾生之意和悅與語、自毛孔出香氣、自口出無上香、儀容如獅子、進止如象王、行相如鵝王、頭如摩陀那果、一切之身分具足、四牙白利、舌色赤、舌薄、毛紅色、毛軟淨、眼廣長、手足赤白如蓮花之色、臍不出、腹不現、細腹、身不傾動、身持重、其身大、身長、手足軟淨滑澤、四邊之光長一丈、光照身而行、等視眾生、不輕眾生、隨眾生之音聲不增不減、說法不著、隨眾生之語言而說法、發音應眾生、次第以因緣說法、一切眾生觀相不能盡、觀不厭足、髮長好、髮不亂、髮旋好、髮色如青珠、手足為有德之相。

第一大願是相應於眾生圓滿成就的願。

經中說：「令一切有情如我無異」，誦讀此經文時，我們可思惟一下，此句是指「三十二大丈夫相、八十隨好與我無異」，還是指「眾生與藥師佛一樣成佛無異」呢？

答案很明顯是指：眾生與藥師如來一樣得證阿耨多羅三藐三菩提圓滿的佛果，毫無差異。我們要先確認這一點，因為這是個很宏大的願。

但是，對一般眾生而言，若我們確認自己尚未成佛，那麼發起此大願的藥師佛，到底有沒有成佛？這是誰出了問題呢？是藥師佛的問題，還是我們的問題？

基本上，藥師佛並沒有說眾生不成佛，他就不成佛。但是，我們再深思一下：如果眾生沒有成佛，藥師佛又如何入於涅槃呢？

當我們認為：「藥師佛！我們要完成您的第一大願！」這時，到底誰是主體？

誰是客體？似乎很難分辨啊！到底發願的是主體？還是被願力所及的是主體？到底藥師佛是主體？還是眾生是主體？這是大家可以思惟的。

總之，從第一大願的內容可以了知，藥師佛成佛時，要使我們跟他一樣。藥師佛已成佛了，而我們迴看自身，是否跟藥師佛一樣成證無上正覺呢？如果我們還沒有成佛，那麼，藥師佛是無法涅槃的。這並不是我們一廂情願地要求藥師佛，而是因為藥師佛是依願力而行的。

我們假若未能圓滿成就如同藥師佛一般的話，那麼，藥師佛的菩提大願是無法圓滿的；然而，我們若跟藥師佛一樣同證藥師佛果，那我們就是圓滿藥師佛的大願王。所以我們的成佛，我們的圓滿，我們的修證，事實上就是圓滿諸佛的大願，圓滿藥師佛的大願。如此一來，我們要成為藥師佛的祈願，就很自然了，心中也平安很多；因為心中沒有任何的負擔，我們就很坦蕩、自然地成為藥師佛！

當我們祈求藥師佛使我們成就藥師佛時，可以合掌發願：「藥師佛現已證得阿耨多羅三藐三菩提，自身光明熾然，照曜無量無數無邊世界，以三十二大丈夫相、八十隨好莊嚴其身，令我如藥師佛無異無別。」

也無妨將這大願寫下，隨身攜帶，平常無事就拿起來念誦。日積月累，慢慢就深化於身心，如此我們就是參與藥師佛的大願，就是進入《藥師經》的世界了。

◈身相莊嚴的願

藥師佛的第二大願是相當奇妙的，他發願成就無上菩提時，其身體有如淨琉璃般內外明澈，像藍寶石一般的顏色，清淨而沒有瑕疵污穢。

藥師佛的光明巍巍，功德浩瀚廣大不可思議，焰網莊嚴超過於日月的光明。藥師佛的世界是透明藍色的淨琉璃世界，他的光明是整片全部一起放光。假如我們從遠處來觀察藥師佛的光明時，會覺得是相當明亮的光明，但是如果我們身處其中卻不會察覺光明，倒是會發現外面的世界是較藥師淨土黑暗，這是因為藥師淨土是完全的光明，整個地面也是一片廣大的透明地，莊嚴無比。

此外，「焰網莊嚴」常被用來形容藥師佛，其緣由就是來自藥師佛的第二大願。

藥師佛的願力相當大，他發願使幽冥眾生都承蒙他的開啟曉悟，而且隨著自己心意的趣向，成作各種的事業。「隨意所趣，作諸事業」的境界不僅如此，而是當我們修持藥師佛、成就藥師佛時，我們就是代藥師佛在成就藥師佛的事業了。

所以當我們讀誦藥師佛第二大願時，我們便可觀想自己的身相宛如淨琉璃一般透明光潔，如此不僅能蒙受藥師佛本願功德的加持利益，同時對我們的身心，也會產生很大的幫助與利益，使我們更加親近藥師佛的世界。

所以，誦讀此經文時，大家可以合掌稱誦，同時發願：「藥師如來，現已證得菩提，亦加持我等眾生現證成就藥師如來，亦同藥師佛般身如琉璃，內外明澈，淨無瑕穢；光明廣大，功德巍巍，身善安住；焰網莊嚴，過於日月；幽冥眾生悉蒙開曉，隨意所趣，作諸事業。

南無藥師琉璃光如來。

南無藥師琉璃光如來。

南無藥師琉璃光如來。」

藥師佛的第一大願與第二大願，正是藥師佛十二大願的精華所在。第一大願是藥師佛成佛了，我們也成為藥師佛；第二大願，藥師佛成佛了，我們也與藥師佛同是身如琉璃，內外明徹，淨無瑕穢。在這樣的修持中，心中應該會有所感受，同時感受到藥師佛的加持。

當我們如此隨順藥師佛的誓願，藥師佛的一切弘法利生事業就有希望了，我們是完全依願而行的。

◆眾生無盡受用的願

藥師佛的第三大願就是當他得證菩提時，他會以無量無邊的智慧方便，來使所有的眾生都能夠得到衣食、物資、財富等無盡的受用。藥師佛是一位能滿足現世與出世的偉大佛陀，所以他發願要使一切有情得到無盡的所受用物，不忍心眾生遭受貧困、缺乏之苦。

一般而言，佛菩薩的教化都是比較偏向導引眾生趨向出世間的修行成就，得到究竟的解脫安樂，不會特別滿足我們的世間願望。但是藥師佛在第三大願中，在教化與接引上有其善巧方便，特別滿足我們在世間上的善願與期望。因為藥師佛希望能藉此使眾生在世間上滿足無虞後，更進而成就究竟的菩提。

所以，藥師佛以善巧方便：或為大商主，或為一切大作為者來濟度眾生，用無量無邊智慧方便，使一切有情所用之物，不再缺乏短少。所以，不僅是濟世救人的醫師很適合修持《藥師經》，由此願力亦可顯示出，藥師法門也很適合商人修持。只是修學者需注意，如果因為修學藥師法門，而增加了自己的財富，修學者要了知財富是從空性而來的。而且因為了知空性的緣故，要進而利益一切的眾生，具足資財而廣做藥師佛事業，這是依隨藥師佛清淨無染、大悲心的願力，而不僅是止於讓個人滿足其私利。

所以在藥師佛第三大願的願力下，我們認真修持藥師法，是可以具足財寶無有匱乏，而我們一切的願望與祈請一定要與佛法相應，與清淨的無上菩提心相應，否則也是徒勞無功。

當我們擁有財寶、物資充實時，這時可多作布施，布施得多自然富貴及身，這就是無盡的善循環，很合乎經濟的原則。尤其在現今強調智慧財產的時代，一件東西在非暴力及誠信的原則下，由於智慧的創造，而使一分利益的物品，增長成一百分的利益，在《大寶積經》中認為是正確的，因此為成就菩薩度眾事業的緣故，菩薩越具足廣大的資財，則度眾的力量就越加廣大。

◈令眾生安住菩提的願

第四大願是在法上的誓願，藥師佛希望我們都能成佛，如果任何有情眾生，誤入邪道時，他對邪道者會充滿同情，絕對不會對他失望而棄之於不顧，並且會積極幫助他們走向正道，安住於菩提道中；若有眾生行於聲聞、獨覺二乘道，藥師佛也會勸化他們修學大乘法，安立於大乘道中。

◈令眾生戒行圓滿的願

第五大願是使我們戒行清淨圓滿的願，如果有無量無邊的有情眾生，在藥師佛的正法中修行清淨梵行，他都能使一切沒有缺陷，具足戒行圓滿；如有人毀犯過失，一但聽聞藥師佛的聖號，就能還得戒律清淨，不會墮於惡趣之中。

佛法的戒律，有從三皈依、五戒、八關齋戒等在家戒法，到沙彌、沙彌尼、比丘、比丘尼等聲聞戒法，乃至菩薩戒法等。

在佛法中，一切戒法都是以三皈依為中心。學佛並非只是信仰佛陀而已，而是要將自己投入生命真理之流，與諸聖者同等解脫。實際上，三皈依是皈依佛、法、僧三寶，並不是單指皈依某一位個人；但是現在許多佛教徒總喜歡說：「我皈依某一位師父。」好像他只是皈依那個師父而已，這已經將皈依窄化了，與佛陀的本意並不相合。其實，我們所皈依的師父是引導我們皈依三寶的引導人，並不是皈依其個人。道理很簡單，就如同到一所大學註冊時，我們跟某一位教職員註冊，而不是說：「我是到那個教職員處就讀。」我們的皈依也是同樣的道理。

同時，要了解皈依三寶不只是形式，更重要的是心念的問題。我們皈依之後，應時時皈依，最後要達到念念皈依，整個生命投入真理之流。以這個立場而言，我們不只可以在寺院依止出家師父皈依，也可日日在佛前自授皈依，只要誠心合掌恭念三次「皈依佛，皈依法，皈依僧」依然是皈依三寶。

我們皈依佛，就是皈依圓滿的大覺者。佛陀是慈悲與智慧圓滿的聖者，是我們生命的導師；皈依佛陀，即是期望在佛陀的導引下，同樣圓滿成佛。

我們皈依法，就是皈依正覺的真理，諸佛依法成佛，我們皈依法就是投入佛法正覺的大流，直渡生死大海，達到圓滿的佛境。

我們皈依僧，就是皈依修學正覺真理的團體。「僧」是僧眾，是修學正覺真理的團體，是三寶所顯示的外在形相，並不是單指某一位個人。皈依僧就是投入這個修學正覺真理的團體，向他們學習，最後達到圓滿。

皈依三寶後，我們進入了佛法之門。一般在家人會修學五戒及至十善，來防制自己墮入惡道，安處人、天善道。五戒、十善是保護我們在世間法之中，不墮入惡處的基本行為規範，五戒是止惡，而十善是揚善，都能使我們獲得世間的良善果報。

經文中的「三聚戒」是藥師佛祈願我們具足菩薩三聚戒，即是攝儀戒、攝善法戒、饒益有情戒。

◈器官諸根完好具足的願

經文中的「身根」是指眼、耳、鼻、舌等四根，如果缺少了其中一個，就是諸根不具足，因為諸根不具足，所以身醜陋。

「頑愚」是指意根衰弱，心性魯鈍，冥頑不靈。

「盲」為眼根不具，眼盲；「聾」為耳根不具。有的是具耳根而不聞，有的是連耳根也沒有。

「瘖」為喉舌不充，發音不亮；至於三，則不能發出聲響，舌根全壞，瘖三是舌根不具之意。但瘖亦關鼻根，如「鼻瘖」則發音不明等。

「攣」拘曲意，兩手攣曲不直。

「躄」兩足具廢。

「背僂」即身駝不直。

「白癩」即痲瘋；疥癩為小瘡，而白癩病則壞及諸根，以上乃為身病。

「顛狂」為精神病；狂，即狂亂，神經反常，舉動失檢。

藥師佛願所有聞其名號的眾生，一切皆得端正黠慧，諸根完具，無諸疾苦。「端正者」是指諸根完具。

「黠慧者」黠、為靈巧，慧、乃聰明，聰明黠巧。

這個願是願眾生在相應於各類形的生命樣態中，都能得到諸根具足，而不要有所損害。例如：人有一雙手，缺一隻就叫做諸根不具；但若這世界中，每個人都只有一隻手，你卻有兩隻手，那反而很奇怪。所以「諸根具足」的定義，要視因緣而定。

相傳中國清代玉琳國師，前世也是出家人，但是諸根不具足，醜陋頑愚，結緣施主見其相貌嗤笑譏刺，後來玉琳法師聽聞受持藥師第六大願能得六根完具、身心健美，遂受持奉行此法門，後轉世即得玉琳身，智慧殊勝，諸根聰利，相貌端嚴。我們若能如是發願，弘法利生，也可成就如是勝報。

◆獲得現世安樂的願

第七大願是假若我們身心為病痛所逼迫，沒有救治與醫師，無有醫療也沒藥物可用，沒有親人照料、無家可歸，貧窮且多苦難；這時只要聽聞藥師佛的名號，許多病痛皆可消除，令身心得致安樂康健，家屬資具都豐滿具足，讓我們在求得現世安樂的同時，有更好的機會求得無上菩提，這是方便助益我們容易有所成就。

◆轉女成男的願

第八大願是相應於當時的時代背景所發起的願力，反應出當時印度女人是男人附屬品的感受，並非對女性有所歧視。再者，男女的生理結構不同，女性的身形與體力都較男性柔弱，而且女性負有生育哺乳後代的責任，因此在生理狀態上，容易擁有比男性更多的困擾與痛苦。

其實在淨土上，並沒有男女性別的差異，而是純一性，也就是超越男女性別。但是在娑婆世界，假若有女人想要超越女人的種種煩惱與痛苦，於未來生想要轉女身為男身者，修習藥師法也能滿足這個願望。但在這女權高漲的時代，恐怕有人不想轉女成男，而想要轉男成女。

或許你會產生這樣的疑問：這個轉女成男願是否能在當世滿願呢？答案是要隨順當世的因緣。我們依止藥師偉大願力來憶持藥師名號，同時要了知這一切是依如幻現起的境界來宣說的。

修持藥師法的行者，不應該執著永遠期望藥師佛來濟度自身，而是要積極使自身成為藥師佛，更進一步使每個人都成為藥師佛，成為救濟者。

◈安住正見，修習菩薩行的願

此願是當藥師佛得證菩提時，能使諸有情眾生脫離所有的魔惱，解脫一切外道、邪見的困擾。若是墮於種種的惡見稠林中，藥師佛都可以將之引領攝持，安置於正見之中，讓他在淨土中修習諸菩薩行，迅速證得無上正果。

◈解脫一切憂苦的願

依於藥師佛的第十大願，顯示在監牢裡的囚犯也很適合來修持藥師佛法門，一定會有很大的助益，因為藥師佛的願力是相當弘廣偉大的。

經文中「得以解脫一切憂苦」，是否表示可以不受法律制裁呢？如果身在牢獄中，是否一定會痛苦？會「痛」是否一定會「苦」？我們可以身「痛」而心不受其「苦」，這是值得深思的。

這個大願也是解決現世的苦痛。

令得究竟安樂願

第十一大願是藥師佛得證菩提時，假若有眾生，因為生活困苦，為飢渴所逼惱，為了求得飲食的緣故，而造作種種的惡業行為，此時只要聽聞到藥師佛的名號，專一心思，一心不亂地受持念誦，藥師佛必當會先以上妙美好的飲食，令他們身體得到飽足，然後再以佛法的法味，來令他們得到究竟的安樂。

滿足現世需求願

第十二大願是指當藥師佛得證菩提時，若有眾生，貧窮而沒有衣服可穿著，並且為蚊蟲叮咬，受寒熱天氣晝夜所逼迫苦惱，只要得聞藥師佛的名號，一心不亂地專念受持，則能如其所喜好，得到種種上妙的衣裳，獲得一切寶貴莊嚴的器具，以及各種的花鬘、塗香、音樂、歌舞、玩樂、技藝等，全部都可以得到滿足。

從以上十二大願我們可以很深刻的了解，藥師佛是我們現世與出世的雙重佑護者。所以當我們修持《藥師經》時，可以得到現世的滿足與無上菩提的滿足。

就現世的努力而言，我們要儘量讓藥師佛的名號經歷耳根，時常聽聞藥師佛的名號。除此之外，當我們面對自身的困境時，一定要盡人事、盡我們所有的努力，像是有病就接受醫生治療，並將醫師視為藥師佛的化現；貧窮時仍然需要努力奮鬥；要捨棄女身則此生要不斷地修持藥師佛法門。

如此，先盡人事之後，再祈求藥師佛來增長我們的力量，使我們具足藥師佛的力量來行藥師大願，才是正道。

註釋

①八正道。

八正道是指正見、正思惟、正語、正業、正命、正精進、正念、正定。

大願所成就的莊嚴佛土

經文

「復次，曼殊室利！彼世尊藥師琉璃光如來行菩薩道時，所發大願及彼佛土功德莊嚴，我若一劫、若一劫餘説不能盡。然彼佛土一向清淨，無有女人，亦無惡趣及苦音聲；琉璃爲地，金繩界道，城闕、宮閣、軒窗、羅網皆七寶成，亦如西方極樂世界，功德莊嚴等無差別。於其國中有二菩薩摩訶薩：一名日光遍照，二名月光遍照，是彼無量無數菩薩眾之上首，悉能持彼世尊藥師琉璃光如來正法寶藏。是故，曼殊室利！諸有信心善男子、善女人等，應當願生彼佛世界。」

語譯

「再者，文殊師利啊！這位世尊藥師琉璃光如來，在修行菩薩道時，所發起的弘大誓願，及他的佛土中的巍巍功德及殊勝莊嚴，假若我以一劫的時間，或是用比一劫更多的時間，都無法宣說窮盡。

「但是這佛土，一向是清淨無染的，淨土中沒有女人等不同性別；也沒有地獄、餓鬼、畜生等三惡道以及各種痛苦的音聲；這個淨土是以琉璃為大地，用金繩來分界道路，城闕、宮閣、軒窗、羅網，都是由金、銀、琉璃、瑪瑙、水晶、珊瑚、琥珀等七種珍寶所構成。正如同西方極樂世界，兩者功德莊嚴完全等同無有差別。在藥師佛的淨土中，有二位輔佐藥師佛的大菩薩，一位名為日光遍照菩薩，另一位名為月光遍照菩薩，他們二位菩薩是無量無數菩薩眾中的上首領袖，他們能夠全部受持世尊藥師琉璃光如來的正法寶藏。所以，文殊師利啊！如果有具有信心的善男子、善女人等，都應當發願往生藥師佛的世界。」

解說

本段經文說明藥師佛土莊嚴，與極樂世界平等無差別。東方淨土一向清淨，沒有女人與惡趣。淨土中有無量的菩薩大眾，其中以日光遍照、月光遍照二大菩薩為上首領袖。

◆藥師淨土與西方極樂世界的功德等無差別

藥師淨土是藥師佛的大願所形成的淨土，藥師淨土是在東方過娑婆世界十座恆河沙佛土之外，名為淨琉璃世界。因為藥師佛的特殊本願，形成他所顯現的身是完全透明清淨無礙的琉璃光，他的淨土也是如此，在那裡他領導著日光遍照與月光遍照二大菩薩化導眾生。

淨琉璃世界沒有女人，並不是歧視女人的意思，而是這是超越性別的世界，沒有男女性別的差異。

經中說藥師淨土的功德莊嚴與西方極樂世界等無差別。極樂淨土是經過阿彌陀佛五劫的思惟所構劃出來的。極樂淨土沒有高山、大海，也沒有江河之類，地面純然為七寶所成的平地，無比寬廣不可限極。在此淨土中，所有的物質世界，都是由七寶所構成，有七寶的大地寶池、樓閣宮殿、寶樹羅網，所有硬體設施均為七寶莊嚴閃耀所成，而且七寶能完全相互融攝，輾轉相合間入，光明赫赫煜爍，十分的微妙奇麗。

淨土中也沒有三惡道——地獄、餓鬼、畜生，以及各類的苦難趣所，只是純粹的佛法悅樂。也沒有四季——春、秋、冬、夏的季節變化、差別，氣候溫和不寒不熱，天氣和合調適。

在極樂世界中，眼睛所見的，耳中所聞的音聲，鼻嗅知其香氣，舌根嚐其味美，身觸遍身光明，心意皆緣於法，一切的莊嚴，在在都是讓居民的眼、耳、鼻、舌、身、意六根清淨明徹，沒有諸多惱患，獲得甚深法忍，安住於不退轉位。

如此莊嚴微妙奇麗的淨土，當然是淨土莊嚴的標的，更何況它是如此的廣受娑婆世界眾生的嚮往；而由藥師發起大願所形成的功德莊嚴淨土與彌陀的極樂世界也等無差別。

藥師淨土的大地是琉璃所構成，而其「七寶」即七種珍寶，又稱為七珍，是指世間七種珍貴的寶玉。在各經典中的說法不一。《阿彌陀經》、《大智度論》卷十等謂七寶即：⑴金。⑵銀。⑶瑠璃，又作琉璃、毘瑠璃、吠瑠璃等。屬青玉類。⑷頗梨，又作頗胝迦，意譯作水精（晶）。指赤、白等顏色的水晶。⑸車渠，又作硨磲。經常與瑪瑙混同，概指大海的貝殼。⑹赤珠，又稱赤真珠。⑺瑪瑙，深綠色之玉，但異於後世所稱之瑪瑙。

在《法華經》卷四則以金、銀、琉璃、硨磲、瑪瑙、真珠、玫塊為七寶。

◈藥師淨土的二位上首菩薩

在藥師佛的淨琉璃世界中，有兩位大菩薩，一是日光菩薩，二是月光菩薩；他們是淨琉璃世界菩薩眾的上首領袖，受持藥師如來的正法寶藏。

藥師佛與日光、月光菩薩合稱為藥師三尊，又稱為東方三聖，中尊為藥師如來，左脇侍為日光菩薩，右脇侍為月光菩薩。

日光菩薩，梵名為**sūra-prabha**。又作日曜菩薩、日光遍照菩薩，其身呈赤紅色，

月光菩薩

日光菩薩

右手執蔓朱赤花。

月光菩薩，梵名為Candra-prabha，又稱為月淨菩薩、月光遍照菩薩。在密教中，月光菩薩為密教金剛界曼荼羅賢劫十六尊之一，胎藏界曼荼羅文殊院中之一尊。

在金剛界中，月光菩薩位列微細會等第二院的西邊。身呈白色，左手握拳當腰，右手持月光形，或持蓮華，華上安半月。密號清涼金剛，三昧耶形為半月形。

胎藏界曼荼羅中，此菩薩位於文殊院中妙吉祥之右方，在妙音菩薩與無垢光菩薩之間。右拳當腰執蓮華，華上安半月，左拳當胸持合蓮華，跏坐蓮臺。密號威德金剛，三昧耶形為青蓮華，上置半月形。

日光菩薩與月光菩薩在名號上，並沒有特別顯現出醫藥上的名稱特質，而是以日光、月光來代表一切清淨的光明，法性與救度光明的意義。

而日光、月光菩薩是藥師佛的脇侍，他們清涼的光明，同時也表徵能解除眾生的憂苦、煩惱，救度眾生直抵安樂解脫的彼岸。

在《藥師經疏》中有一段藥師佛與日光、月光兩位大菩薩過去生因緣的記載，在過去世界有一位電光如來，他宣說三乘法度化眾生。當時有一位梵士，因為看見世界的濁亂，因此發起要教化苦難眾生的決心。因為他特別發願要利益為病苦纏縛的眾生，所以電光如來改其名號為醫王。他有兩個孩子，長子名為日照，次子名為月照，他們也都發心饒益幽冥眾生。這位醫王，即是東方藥師如來，其兩個孩子就是日光遍照菩薩、月光遍照菩薩。

藥師佛聖號的功德利益

經文

爾時，世尊復告曼殊室利童子言：「曼殊室利！有諸眾生不識善惡，唯懷貪悋，不知布施及施果報，愚癡無智闕於信根，多聚財寶勤加守護；見乞者來其心不喜，設不獲已而行施時，如割身肉深生痛惜。復有無量慳貪有情，積集資財，於其自身尚不受用，何況能與父母、妻子、奴婢、作使及來乞者！彼諸有情從此命終，生餓鬼界或傍生趣，由昔人間曾得暫聞藥師琉璃光如來名故，今在惡趣暫得憶念彼如來名，即於念時從彼處沒，還生人中。得宿命念，畏惡趣苦，不樂欲樂，好行惠施，讚歎施者；一切所有悉無貪惜，漸次尚能以頭目、手足、血肉身分施來求者，況餘財物。

「復次，曼殊室利！若諸有情雖於如來受諸學處，而破尸羅；有雖不破尸羅，而破軌則；有於尸羅、軌則雖得不壞，然毀正見；有雖不毀正見，而棄多聞，於佛所說契經深義不能解了；有雖多聞而增上慢，由增上慢覆蔽心故，自是非他，嫌謗正法，爲魔伴黨，如是愚人，自行邪見，復令無量俱胝有情，墮大險坑。此諸有情，應於地獄、傍生、鬼趣流轉無窮。若得聞此藥師琉璃光如來名號，便捨惡行，修諸善法，不墮惡趣。設有不能捨諸惡行，修行善法，墮惡趣者，以彼如來本願威力，令其現前暫聞名號，從彼命終還生人趣，得正見精進，善調意樂，便能捨家趣於非家，如來法中，受持學處，無有毀犯，正見多聞，解甚深義，離增上慢，不謗正法，不爲魔伴，漸次修行諸菩薩行，速得圓滿。

「復次，曼殊室利！若諸有情慳貪嫉妬，自讚毀他，當墮三惡趣中，無量千歲受諸劇苦；受劇苦已，從彼命終來生人間，作牛、馬、駝、驢，恒被鞭撻、飢渴逼惱，又常負重隨路而行；或得爲人，生居下賤，作人奴婢，受他驅役，恒不自在。若昔人中，曾聞世尊藥師琉璃光如來名號，由此善因，今復憶念至心歸依；以佛神力眾苦解脫，諸根聰利智慧多聞，恒求勝法常遇善友，永斷魔羂，破無明轂，竭煩惱河，解脫一切生老病死、憂愁苦惱。

「復次，曼殊室利！若諸有情好憙乖離，更相鬪訟惱亂自他，以身、語、意，造作增長種種惡業；展轉常爲不饒益事，互相謀害。告召山林樹塚等神；殺諸眾生，取其血肉祭祀藥叉、羅剎婆等；書怨人名作其形像，以惡呪術而呪咀之，厭媚蠱道，呪起屍鬼，令斷彼命，及壞其身。是諸有情，若得聞此藥師琉璃光如來名號，彼諸惡事悉不能害；一切展轉皆起慈心，利益安樂，無損惱意及嫌恨心；各各歡悅，於自所受生於喜足，不相侵凌互爲饒益。

語譯

這時，世尊又告訴文殊師利童子說：「文殊師利啊！如果有衆生，不能辨識善與惡，心中只有懷著貪念與吝嗇，不懂得布施以及布施的果報；愚癡而且沒有智慧，缺少信根不能生起正信，雖然積聚眾多的財寶，積極的勤加守護，但是看見有乞者前來，他的心中就不甚歡喜，假設不得已而作布施時，就如同刀割身肉一般，深切地生起痛惜的心念。此外，更有無量慳吝貪心的有情眾生，積集各種資財，對於他自己都吝惜不肯受用，更何況是給與父母、妻子、奴婢、雇工，以及前來乞討者。

像這樣的有情眾生，從這輩子生命終了時，將出生於餓鬼界或畜生界，假若由於往昔在人間，曾經有機緣得以短暫聽聞藥師琉璃光如來名號的緣故，現在雖然出生在惡趣，但能夠暫時憶得藥師如來的名號，就在憶念當時，便終止三惡道的生命，迅速還得轉生於人間，得到宿命的心念，憶起並畏懼惡趣的痛苦，因此不樂於欲樂，喜好奉行惠施，讚歎布施者，對於自己的一切所有，完全沒有貪心吝惜，並能漸次發心，最後還能夠以自己的頭顱、眼睛、手足、血肉、身體的精華來布施前來乞求者，更何況其餘的財物。

「再者，文殊師利啊！假若諸多有情眾生，雖然在如來之處蒙受戒法，卻反而破壞尸羅戒律；有的雖然沒有破壞戒律，卻破壞僧伽的軌則；有的雖然對於戒律、僧伽軌則沒有毀壞，然而卻毀壞正見；有的雖然不毀壞正見，卻放棄多聞佛法，對於佛陀所宣說經典的深義並不能了解；有的雖然多聞佛法，卻產生傲慢的心，由於這種傲慢覆蔽自心，往往以為自己是正確而批評別人，嫌棄毀謗正法，或為邪魔的伴侶朋黨。像這樣的愚人，不單自己行於邪見之中，更令無量無邊的有情眾生，墮入大險坑當中。這些有情眾生，應當在地獄、畜生、餓鬼等三惡道中，無窮無盡的輪迴流轉。但假若得以聽聞藥師琉璃光如來的名號，便能捨棄惡行，修行多種善法，不墮於惡趣當中。

「假設還有不能捨棄各種惡行、修行善法，而墮入於惡趣的話，由於藥師如來本願的威力，使他們現前能夠暫時得以聽聞藥師佛的名號，從而終止惡趣道中的生命，還得轉生於人間，獲得正見精進修習，善能調和意樂，便能捨離家庭，趣向於出家修行，在如來正法中，受持學處戒法，對於戒律法軌沒有任何的毀犯；得到正見多聞佛法，明解甚深的法義，遠離增上的憍慢，不毀謗正法，不做邪魔的伴侶，漸次修行各種菩薩行，迅速得證圓滿的無上果位。

「再者，文殊師利啊！假若有有情眾生，慳吝貪心嫉妒，喜歡自我稱讚而毀謗他人，應當墮於地獄、惡鬼、畜生等三惡趣中，在無量的千年當中，遭受各種鉅大的痛苦；在遭受鉅大的痛苦後，終止了三惡趣的生命，還來轉生於人間，變作牛、馬、駝、驢動物等，恆常被鞭撻、被飢渴所逼惱；又常要背負重物，順著道路而行；或是得以出生為人，卻生在下賤人家，作人的奴婢，受主人的驅使奴役，在長久的時間中，都不能得以自在。假若他們往昔在人間時，曾經聽聞世尊藥師琉璃光如來的名號，由於這個善因，現在又能復得憶念，至心歸依。這時以佛陀的威神力量，各種痛苦得以解脫，眼、耳、鼻、舌、身、意等諸根，都十分聰明伶俐，具足智慧、多聞正法，常能追求殊勝的佛法，並經常能遇到善友，永遠斷除邪魔羅網，破除無明殼，枯竭煩惱之河，而解脫一切生、老、病、死的輪迴及各種的憂愁、苦惱。

「再者，文殊師利啊！假若有有情眾生，喜好挑撥離間，相互之間鬥諍纏訟，惱亂自己與他人，用身體、言語、心念，造作增長種種的惡業，經常作出沒有任何益處的事情，相互謀害，而且禱告召使山神、林神、樹神、或墳塚等神祇。並且殺害許多的眾生，用這些眾生的血肉來祭祀藥叉、羅剎鬼神等；書寫仇怨者的人名，造作他的形像，用惡咒術來咒詛他們；還利用厭魅蠱毒的方法，用咒語喚起屍鬼令他們來斷除仇人的性命，以及傷害仇人的身體。這些有情眾生，假若能聽聞藥師琉璃光如來的名號，這些的惡事，完全不能加以惱害。一切惡念輾轉全部變成慈心，利益安樂，毫無毀損惱害的心意，以及嫌恨的心；各各生起歡悅的心念，對於自己所遭受的處境，反而生起喜樂滿足，彼此之間不再相互侵凌，彼此之間互為饒益相助。」

解說

本段經文說明聽聞及憶念藥師佛名號的種種功德。因為聽聞及憶念藥師佛佛號，能使布施、持戒、精進、忍辱等諸波羅蜜速得圓滿。亦能解脫一切魔難、呪術等障礙，恆常生於善道。

◆圓滿布施波羅蜜

「布施」的本義，本來是以衣食等物施與大德及貧窮的人。到大乘時代又加上法布施、無畏布施二者，擴大了布施的意義。而且認為財布施、法布施、無畏布施是修行菩薩道者必須修持的布施行。其中法布施的功德又較財布施為大。而法布施又可分為世間法布施與出世間法布施二種。

布施行的形成，是由施者、受者、施物三者和合而成的。如《法界次第》卷下記載：「若內有信心，外有福田、有財物，三事和合時，心生捨法，能破慳貪，是為檀。」這就是在《能斷金剛般若經論》所說的，布施時體念「能施」、「受者」、「施物」，此三者本質為空，而且沒有任何的執著稱為三輪體空或三輪清淨。

現代人修行布施，若以經營企業作比喻，當知產品行銷即為布施，而其利潤即為福報。現代人在百業當中，仍可不斷實行布施法，讓福德增生不已。

經文中的「不獲已」是為不得已的意思。

還有無量的慳貪眾生，只知道積集資財，自己不知道好好的受用，何況是給予父母、妻子、奴婢、作使與來行乞的人。「作使」是指傭工、長工諸人。

這樣的人命終之後，會生於餓鬼界或是傍生界。「傍生」即為畜生。與餓鬼同為六道之一，也是三惡道之一，指鳥獸蟲魚等一切動物。

這些人由於過去生曾經聽聞藥師佛的名號，在生於惡道中突然憶起藥師佛的名號，就在憶念時，立即從那個地方消逝而出生於人道中，獲得宿命念。「宿命念」是指關於宿世、往世的記憶。

「好行惠施讚歎施者」，不僅自己樂於施捨，看見別人施捨，自己也心生隨喜，加以讚歎，而隨喜功德亦不可思議。

聽聞藥師佛的名號，能夠於一切所有沒有貪愛吝惜之心，漸漸地能以頭目、手足、血肉、身分來樂施於乞求者，迅速圓滿布施波羅蜜。

◆圓滿持戒波羅蜜

「若諸有情雖於如來受諸學處，而破尸羅。」「尸羅」梵語 śīla 的音譯，其義為戒律。在《大智度論》卷十三記載：「尸羅，好行善道，不自放逸，是名尸羅。或受戒行善，或不受戒行善，皆名尸羅。」《阿毘達磨俱舍論》卷十四記載：「能平險業，故名尸羅，訓釋詞者，謂清涼故，如伽他言，受持戒樂，身無熱惱，故名尸羅。」

當我們皈依佛門，一般在家人會修學五戒及至十善，來防制自己墮入惡道，而安處人、天。五戒、十善是保護我們在世間法之中，不墮入惡處的基本行為規範，五戒是止惡，而十善是揚善，都能使我們獲得世間的良善果報。

五戒是一不殺生，二不偷盜，三不邪淫，四不妄語，五不飲酒。不殺生戒是尤以不能殺人為主；不偷盜戒是不可偷取整個社會資糧，而將成本丟給社會承擔；不邪淫戒是尤其不能破壞他人的淨戒；不妄語戒是不可以未證聖果而自言得證，這是大妄語。以上四者是根本戒，不飲酒是遮戒，因為飲酒可能亂性，而做出犯戒行為；在現代，不飲酒戒則泛指不使用任何刺激神經系統，使人失去理智的興奮劑、毒品，如大麻、安非他命、鴉片、海洛因等毒品，這些毒品比酒厲害萬倍，使用的話更是最嚴重的犯戒行為；所以，此戒可統稱為不使用一切迷亂精神之物品的戒。

現代人生活環境複雜，要如古人嚴守各種戒律實屬不易。但是，戒律仍有其現代意義不得廢失，那就是「自安而安人」。戒律本是團體中必須遵守的軌則，我們遵守法律、道德，而能安自心，且不令別人起紛擾之心，即是現代化的持戒。

經文中的「增上慢」，在《大乘五蘊論》中，增上慢是指自未證果而謂已證得，未斷煩惱而認為已斷除。而慢是指對他人心存高傲與自滿。

「俱胝」梵語 Koti，數量名，指億或千萬之多。

由於聽聞藥師佛的名號，能讓我們迅速圓滿持戒波羅蜜，在受持學處沒有毀犯戒律，具足正見而多聞，明解甚深的義理，遠離增上慢而不毀謗正法，不作為邪魔的伴侶。

◆圓滿精進波羅蜜

由於聽聞藥師佛名號的良善因緣，而能迅速圓滿精進波羅蜜，以藥師佛的威神力解脫眾多的苦痛，轉為聰明靈利、智慧多聞，恒常求得殊勝的法要，常得值遇良善的益友，斷除無明的根源，解脫一切生死。

而我們現代人應了知精進的真義，絕不只是追求最後的目的，而是在過程中，菩薩應有「地獄最後一人」的勇猛悲心。因此，精進的最真實義，就是在成佛的道路上，不斷的接引眾生了知佛法，而成就眾生成佛。

◆圓滿忍辱波羅蜜

聽聞藥師佛名號，能夠迅速圓滿忍辱波羅蜜，「忍辱」是心能安住，而堪忍侮辱或惱害，不為一切惡事所危害，而且能對一切展轉生起慈心、利益安樂，沒有損害懊惱之意，與嫌棄怨恨之心；能歡悅安樂喜足，不會相互侵害凌侮，只會互相饒助利益。

現代人修習忍辱，應修「勝義忍」。在修行過程中，忍辱絕不等同「犧牲」。「犧牲」是因為執著「我」而成，而忍辱則是「無我」的般若行。唯有如此，才能「耐怨」、「安受苦」、「諦察法忍」，也因為如此，才能安住於「忍」中而起大憤怒相，行所當行而不愧悔。

經文中的「乖離」是乖戾而離間之意。

「鬥訟」的鬥是毆鬥；訟，爭辯、諍訟、攻訐。

八大菩薩的護佑

經文

「復次，曼殊室利！若有四眾：苾(ㄅㄧˋ)芻(ㄔㄨˊ)、苾芻尼、鄔(ㄨ)波索迦(ㄐㄧㄚ)、鄔波斯迦及餘淨信善男子、善女人等，有能受持八分齋戒，或經一年，或復三月，受持學處，以此善根，願生西方極樂世界無量壽佛所，聽聞正法，而未定者；若聞世尊藥師琉璃光如來名號，臨命終時，有八菩薩乘神通來示其道路，即於彼界種種雜色眾寶華中，自然化生。

「或有因此生於天上，雖生天中，而本善根亦未窮盡，不復更生諸餘惡趣；天上壽盡還生人間，或為輪王統攝四洲，威德自在，安立無量百千有情於十善道；或生剎帝利、婆羅門、居士大家，多饒財寶、倉庫盈溢，形相端嚴、眷屬具足，聰明智慧，勇健威猛如大力士。「若是女人，得聞世尊藥師如來名號，至心受持，於後不復更受女身。」

語譯

「再者，文殊師利！假若有佛法中的四眾：比丘、比丘尼、在家居士優婆塞、在家女居士優婆夷，及其餘淨信的善男子、善女人等，有能夠受持不殺生、不偷盜、不妄語、不淫、不飲酒、不著花鬘、不以香塗身、自己不從事也不觀賞歌舞表演、不臥於高廣大床等八關齋戒。如此經過一年，或者三個月，受持學處，以這些善根，祈願往生西方極樂世界無量壽佛的清淨國土，聽聞正法；而尚未決定能往生西方者，假若聽聞世尊藥師琉璃光如來的名號，在瀕臨生命終結時，有八大菩薩，他們的名號分別是：文殊師利菩薩、觀世音菩薩、得大勢菩薩、無盡意菩薩、寶檀華菩薩、藥王菩薩、藥上菩薩、彌勒菩薩，這八大菩薩乘著神通力而來，示現臨命終人前往極樂世界的道路，而臨終者因此能於極樂世界中現生，在極樂國土中的種種雜色衆寶華中自然化生。

有的人則因此轉生於天上，雖然出生天上，而本有的善根也尚未消耗窮盡，不會再轉生於惡鬼、地獄、畜生三惡道中。當「天上的壽命窮盡時，還來出生於人間，有的成為轉輪勝王，統攝東勝神洲、南贍部洲、西牛貨洲、北俱盧洲等四洲，威德勢力自在，安立無量百千有情衆於不殺生、不偷盜、不邪淫、不妄語、不兩舌、不惡口、不綺語、不貪欲、不瞋恚、不邪見等十善道中。

「有的人則為剎帝利、婆羅門等居士大家，具有許多的財寶，倉庫盈溢，外形相貌端麗莊嚴，具足眷屬，並且聰明智慧，勇健威猛如同大力士一般。

「如果有女人，得以聽聞世尊藥師琉璃光如來的名號，至心受持，在後世當中，將不再轉為女身。」

解說

本段經文說明，如果有人祈願往生西方極樂世界，或是尚未決定往生西方者，假若聽聞了藥師佛的名號，當臨終時，藥師經中的八大菩薩會引領他們往生極樂世界。

◈引領眾生往生極樂世界的八大菩薩

「鄔波索迦」梵語 **upasaka**，也譯為優婆塞，指受五戒的男居士。鄔波斯迦，梵語 **upasika**，也譯為優婆夷，是指受持五戒的女居士。

「八分齋戒」又稱為八關齋戒，「關」為關閉惡道之意，八關齋戒是為了種下出世解脫的正因而行的「戒」，「齋」是清淨的意思。戒，其中包含了：一不殺生，二不偷盜，三不非梵行（不淫），四不妄語，五不飲酒，六、不著香華鬘，不以香油塗身，不歌舞伎樂，不前往觀聽，七不坐臥高廣大床，八不非時食等八個戒條。

我們修持藥師佛法門，於臨命終時可以往生藥師佛光明無比的琉璃世界。但是藥師佛另有甚深大願，可依此不可思議的願力，假若有眾生祈願往生西方極樂世界，但尚未確定時，如果加修藥師佛法門，則藥師佛將派遣其世界中的八大菩薩——文殊師利菩薩、觀世音菩薩、得大勢菩薩、無盡意菩薩、寶檀華菩薩、藥王菩薩、藥上菩薩及彌勒菩薩，護送這位往生者至極樂世界。所以，要往生極樂世界，並不一定只能誦持阿彌陀佛的聖號；修持藥師佛法門，亦可以往生極樂世界。這是藥師佛特殊的願力，能幫助意欲往生西方極樂世界者一臂之力。

關於八大菩薩的名號，在玄奘的譯文中，或其他兩個版本中，均未提及，而帛尸黎蜜多羅所譯的《佛說灌頂拔除過罪生死得度經》中，則有特別提及：

「有八菩薩，其名曰：文殊師利菩薩、觀世音菩薩、得大勢菩薩、無盡意菩薩、寶壇華菩薩、藥王菩薩、藥上菩薩、彌勒菩薩，是八菩薩皆當飛往迎其精神，不經八難生蓮華中，自然音樂而相娛樂。」

此外，《淨琉璃淨土摽》中也提到此淨土的八大菩薩大眾眷屬：「左第一重作金剛藏王菩薩，菩薩通身淺紅青色，坐寶蓮臺上，右手真中掌中立三股金剛杵，左手屈臂五指冈上，大指押小指爪上，以為塵數菩薩眾侍者，所謂雲香菩薩、華玉菩薩、金剛合掌菩薩、火頭天相菩薩、仙相菩薩等。右第一重作蓮花幢金剛手菩薩，通身淺青色，座寶蓮花臺上，左手執真陀摩尼，白寶蓮華臺上安金剛，右手作與願印（屈中指）塵數菩薩眾以為侍者，所謂青蓮花菩薩、三股金剛杵菩薩、一股金剛鈴鐸菩薩等也。左第二重作日光菩薩，通身赤紅色，左手掌安日，右手執蔓朱赤花貌，或開敷，或半開，或未開，或其寶菓為之。塵數菩薩以為侍者，所謂持香爐持摩訶蔓朱赤花等菩薩也。右第二重作月光菩薩，通身白紅色，左手掌月輪，右手執紅白蓮花，塵數菩薩以為侍者，所謂持鉤持鉤鈴等菩薩。白如來近後，作十弟子及二十一、三十五等羅漢，各以無數聲聞眾以為眷屬，上首各取物依本形契眷屬等者，各在承法右存法形，作左右後仰，左右後作無數仙人、仙女等捧隨時采花。佛前左右外院，作無量天眾妓樂形，所謂堅達婆女琴天樂奉獻貌、緊那羅自心金鼓樂貌、伽樓羅女笛天樂貌、地天女皆鼓樂貌、阿修羅女奉天鼓樂貌、摩睺羅女奉笙樂貌、大魔侶天眾奉獻舞天樂貌也。外院上下八方，作十二神將眾，無數金剛童子眾以為眷屬也。」

這是依藥師佛力往生淨土，接著是以藥師佛力或生天上，或生於人間。

◈不復更受女身

經文中的「天」即指三界二十八天，欲界四天王等六天；色界初禪天、二禪天、三禪天、四禪天等十八天；無色界空無邊處等四天，合起來是二十八天。

生於天道為有漏善因，招感有漏樂果，當天福享盡時，還是會墮落。因為聽聞藥師佛聖號的功德，雖然轉生天上受上妙樂，而本善根猶未窮盡，所以不會墮於惡趣，還生人間，作轉輪王，統攝四洲，威德自在。

「輪王」可分為四種：一是金輪王，二是銀輪王，三是銅輪王，四是鐵輪王。輪王擁有輪寶，輪王可以駕著輪寶巡禮四洲。

「四洲」是指東勝神洲、南瞻部洲、西牛賀洲、北俱盧洲。鐵輪王掌南方一洲，銅輪王掌南西二洲，銀輪王掌南西東三洲，金輪則掌四洲。此金輪王具足七寶、千子，能以威德感化四天下有情，修十善道。

「或生刹帝利、婆羅門等」是說明或有生人道者亦得利益。

「刹帝利」是印度四姓之一，即王族。生於高等種姓中，衣食豐富，財寶無量，外現相貌端嚴，人見欽悅；內則聰明智慧，並且具有威猛尚武的精神，為人中之英雄力士。

經中記載若是女人，得聞世尊藥師如來的名號，至心受持，於後不復更受女身。

當大乘佛法興起時，顯然不滿於女人所受的不平等的待遇及苦難，所以許多大乘經典中每每有發願來生脫離女身，轉女成男。《藥師經》就是如是記載；也有現生轉女成男，如《法華經》龍女轉男身而成佛。這樣的記載都是由於不滿於女身的諸苦難，而生起厭離之心。因此，至心受持藥師佛名號，於後世能夠轉女成男。

藥師經的世出世間功德

經文

爾時，曼殊室利童子白佛言：「世尊！我當誓於像法轉時，以種種方便，令諸淨信善男子、善女人等，得聞世尊藥師琉璃光如來名號，乃至睡中亦以佛名覺悟其耳。世尊！若於此經受持讀誦，或復爲他演說開示，若自書，若教人書，恭敬尊重，以種種花香、塗香、末香、燒香、花鬘、瓔珞、幡蓋、伎樂而爲供養；以五色綵，作囊盛之；掃灑淨處，敷設高座而用安處。爾時，四大天王與其眷屬，及餘無量百千天眾皆詣其所，供養守護。

「世尊！若此經寶流行之處，有能受持，以彼世尊藥師琉璃光如來本願功德，及聞名號，當知是處無復橫死，亦復不爲諸惡鬼神奪其精氣；設已奪者還得如故，身心安樂。」

佛告曼殊室利：「如是！如是！如汝所說。曼殊室利！若有淨信善男子、善女人等，欲供養彼世尊藥師琉璃光如來者，應先造立彼佛形像，敷清淨座而安處之，散種種花，燒種種香，以種種幢幡莊嚴其處；七日七夜受持八分齋戒，食清淨食，澡浴香潔著新淨衣；應生無垢濁心、無怒害心，於一切有情起利益安樂、慈悲喜捨平等之心，鼓樂歌讚，右繞佛像。復應念彼如來本願功德讀誦此經，思惟其義，演說開示。隨所樂求，一切皆遂；求長壽得長壽，求富饒得富饒，求官位得官位，求男女得男女。

「若復有人忽得惡夢，見諸惡相或怪鳥來集，或於住處百怪出現；此人若以眾妙資具，恭敬供養彼世尊藥師琉璃光如來者，惡夢、惡相諸不吉祥皆悉隱沒，不能爲患。

「或有水、火、刀、毒、懸嶮、惡象、師子、虎狼、熊羆、毒蛇、惡蠍、蜈蚣、蚰蜒、蚊虻等怖，若能至心憶念彼佛恭敬供養，一切怖畏皆得解脫。若他國侵擾、盜賊反亂，憶念恭敬彼如來者亦皆解脫。

「復次，曼殊室利！若有淨信善男子、善女人等，乃至盡形不事餘天，惟當一心歸佛、法、僧，受持禁戒，若五戒、十戒、菩薩四百戒、苾芻二百五十戒、苾芻尼五百戒，於所受中或有毀犯，怖墮惡趣，若能專念彼佛名號恭敬供養者，必定不受三惡趣生。或有女人臨當產時受於極苦，若能至心稱名禮讚、恭敬供養彼如來者，眾苦皆除，所生之子，身分具足，形色端正，見者歡喜，利根聰明，安隱少病，無有非人奪其精氣。」

語譯

此時，文殊師利童子向佛陀說道：「世尊！我誓願在相似於正法時期的像法轉動時，用種種的方便，使那些淨信善男子、善女人們，得以聽聞世尊藥師琉璃光如來的名號，乃至於在睡夢中，也能因耳聞佛陀的名號而有所覺悟。世尊！假若能受持讀誦這部經典，或者再為他人演說開示；乃至於自己書寫，或是教他人書寫這部經典；恭敬尊重，以種種的華香、塗香、末香、燒香、華鬘、瓔珞、幡蓋、伎樂供養這部經典；以五色綵布，作成袋囊來加以裝盛；在掃灑清淨的處所，鋪敷安設高座，用來安置供養此經。這時，四大天王與他的眷屬，以及其餘無量百千的天衆，都會來到這個處所，供養守護。

「世尊！假若此經寶流行的地方，如果有能信受奉持者，以世尊藥師琉璃光如來的本願功德，以及聽聞佛陀名號的因緣，應當了知這個地方不會再有橫死災難；也不會被各種邪惡鬼神奪走他們的精氣；假設已經被侵奪的話，還是能夠得以還復，身心安樂。」

佛陀告訴文殊師利說：「正是如此！正是如此！就如同你所說的一樣。文殊師利啊！假若有淨信的善男子、善女人等，想要供養世尊藥師琉璃光如來，當應先行建造安立藥師佛的形像，敷設清淨的寶座來安放佛像；並且散放供養種種的鮮華，焚燒種種妙香，以種種的幢幡來莊嚴這個地方；並受持七天七夜的八關齋戒，食用清淨的飲食，用香湯澡浴潔淨，穿著清淨的衣服，除此之外，更應當生起無有污垢濁染的心念、無怒害的心念，對於一切有情衆生生起利益安樂的心念，給予喜樂、拔除痛苦，以慈、悲、喜、捨四種無量的平等之心，鼓樂歌詠讚頌佛陀，右繞佛像。此外，應當憶念藥師如來的本願功德，讀誦這部經典，思惟其中的深義，並為他人演說開示。這時，隨著他們意樂欲求，一切皆能如願：祈求長壽者得以長壽，祈求富饒者得以富饒，祈求官位者能得官位，祈求兒女者便得兒女。

「假若有人，忽然現起惡夢，看見眾多的惡相，或是有怪鳥前來聚集，或是在住處，有怪異的現象出現，此人若能以眾多上妙的資具，恭敬供養世尊藥師琉璃光如來的話，那麼惡夢惡相、各種不吉祥的徵兆，全部都會消失隱沒，不會再為患。

「如果面對水災、火災、刀光之禍、毒害、身臨懸嶮之處，或受惡象、獅子、虎狼、熊羆、毒蛇、惡蠍、蜈蚣、蚰蜒、蚊虻等各種恐怖威脅時，如果能至心憶念藥師佛並恭敬供養，一切的恐怖畏懼都能得以解脫。如果遭受其他國家的侵擾、盜賊反叛作亂，憶念恭敬藥師佛的人，都可以獲得解脫。

「再者，曼殊師利！如果有淨信的善男子、善女人等，在一生當中盡形壽都不奉事其餘的外道天神，只是一心一意的歸命於佛、法、僧三寶，並受持佛法的禁戒，不管是五戒、十戒、菩薩的四百戒、比丘的二百五十戒、比丘尼的五百戒，在所受的戒法如果有所毀犯，心中怖畏將墮於惡趣當中，假若能專心憶念藥師佛的名號，並恭敬供養的話，必定不會受生於三惡趣中。如果有女人在生產時受到極大的痛苦，如果能至心稱名禮讚、恭敬供養藥師如來的話，所有的衆苦都能除滅，所生產的孩子身體完好，形像端正見到的人都十分的歡喜，並且利根聰明身心安穩極少病患，而且也沒有非人之類的鬼神去奪取他的精氣。」

解說

本段經文說明文殊菩薩誓願於像法時代，以各種善巧方便，使淨信者得聞藥師佛名號。如果能稱聞藥師佛名號以及受持《藥師經》，則四大天王及其眷屬將共同為其供養守護，而且能免除一切橫死及各種惡鬼神等侵擾。

◆四大天王的守護

文殊菩薩發願在像法時期，以種種方便讓有情眾生聽聞藥師佛的名號，而且受持《藥師經》，並有四大天王守護行者。「四大天王」（梵名 catuāsraḥ mahā-rājikāḥ）是我們所居住的欲界的四位天王。分別是指東方的持國天王、南方的增長天王、西方的廣目天王及北方的多聞（毗沙門）天王，四大天王又稱為四天王、護世四天王及護世天等。

他們的壽命為五百歲，他們的一晝夜相當於人間五十年，因此他們的壽量，大約是人間的九百多萬歲，他們的身量則為半由旬。天衣長一由旬，廣半由旬，重量有半兩重。剛出生的時候，即相當於人間五歲幼童，色相圓滿並穿著天衣。

大智慧的文殊菩薩，以其大悲誓願，讓相似於正法時期的像法轉動時的眾生能聽聞藥師如來的名號，而且如果有人聽聞藥師佛名號及受持讀誦、為他人演說或竭力供養《藥師經》，則有四大天王及其眷屬天眾來供養守護行者。

淨守五戒可遮止過錯與惡行，十善則是五戒的細分，有更積極的揚善意義；十善為：一不殺生，二不偷盜，三不邪淫，四不妄語，五不兩舌，六不惡口，七不綺語，八離貪欲，九離瞋恚，十離邪見。十善業，前三業屬身業，四至七業屬語業，八至十業屬意業，含攝了身、語、意三業，又屬於生起善道之行，所以稱為十善業。

◆供奉修持藥師佛的方法

在本經中，佛陀告訴文殊菩薩供奉修持藥師佛的方法。

一、鋪設佛堂

1.首先造立藥師佛的佛像。

2.敷設清淨的寶座來安置佛像。

3.以鮮花及上好的香（如沉香）來供養。

4.佛堂則盡自己所能來莊嚴，可以以種種寶幢來莊嚴。

二、清淨自身

1.做七天七夜的八關齋戒。

2.「清淨食」，在佛陀的時代，佛陀制禁比丘啖食生的草、菜、瓜果等，必定以火燒煮，或以刀、爪甲等除其皮核之後食之，稱為淨食。這是由於佛陀希望大家注意清潔、衛生的條件，以保持身體健康而提出的，也是相應於當時的因緣所定訂的戒律。相對於現代的生活環境，清淨食則可指食用清潔乾淨健康的飲食。

3.洗滌清淨，穿著乾淨的衣服。

4.生起沒有染垢污濁的心、沒有怒害的心，對於一切有情眾生都利益安樂、給予快樂、拔除痛苦、慈悲喜捨平等之心。

5.以鼓樂、歌詠、讚頌、經行右繞佛陀。

以上是禮敬供奉藥師佛的方式，除此之外，經中還描述了修持的方法，也就是：

1.憶念藥師如來的本願功德、學習藥師如來發起廣大誓願利益眾生。

2.讀誦《藥師經》，思惟經文的深意，除了利己之外，並利益他人，為人演說開示。

◆藥師經世出世間的功德

修持《藥師經》可帶來世出世間的功德，將經文歸納為以下十點：

1.隨所意樂欲求，一切皆能如願。

2.求長壽者得長壽。

3.求富饒者得富饒。

4.求官位得官位。

5.祈求獲得子女者，修持《藥師經》便能獲得。

6.如果作惡夢或是看見惡相，以眾多的上妙資具恭敬供養藥師佛，則眾多不吉祥的徵兆都會隱沒，而不能為患作怪。

7.如果遇到種種的災難恐怖時，能夠至心憶念藥師佛，並且恭敬供養，則能解脫一切恐怖畏懼。

8.如果遭受他國的侵犯擾亂，或是盜賊反叛做亂，憶念藥師佛都可以獲得解脫。

9.如果有人受持戒律，卻有所毀犯，而害怕自己會墮入地獄、惡鬼、畜生等三惡趣當中，但是，如果能夠專心誦念藥師佛聖號，恭敬供養，必定不會墮入三惡趣中。

10.當婦人生產遭受極大痛苦時，若能至心稱念藥師佛的聖號，恭敬供養藥師佛，眾多的痛苦都可以消除。而且她所出生的小孩，健康少病，靈利聰明，形體相貌端正，人人見了都歡喜，一切非人的鬼魅都不能奪其精氣。

如實淨信藥師佛

經文

爾時，世尊告阿難言：「如我稱揚彼佛世尊藥師琉璃光如來所有功德，此是諸佛甚深行處，難可解了（ㄌㄧㄠˇ），汝爲信不（ㄈㄡˇ）？」

阿難白言：「大德世尊！我於如來所說契（ㄑㄧˋ）經，不生疑惑。所以者何？一切如來身、語、意業無不清淨。世尊！此日月輪可令墮（ㄉㄨㄛˋ）落，妙高山王可使傾動，諸佛所言無有異也。世尊！有諸眾生信根不具，聞說諸佛甚深行處，作是思惟：『云何但念藥師琉璃光如來一佛名號，便獲爾所功德勝利？』由此不信，反生誹謗，彼於長夜失大利樂，墮諸惡趣，流轉無窮。」

佛告阿難：「是諸有情若聞世尊藥師琉璃光如來名號，至心受持不生疑惑，墮惡趣者無有是處。阿難！此是諸佛甚深所行，難可信解，汝今能受，當知皆是如來威力。阿難！一切聲聞、獨覺及未登地諸菩薩等，皆悉不能如實信解，惟除一生所繫菩薩。阿難，人身難得，於三寶中信敬尊重亦難可得，得聞世尊藥師琉璃光如來名號，復難於是。阿難！彼藥師琉璃光如來無量菩薩行，無量善巧方便，無量廣大願，我若一劫、若一劫餘而廣說者，劫可速盡，彼佛行願、善巧方便無有盡也！」

語譯

此時，世尊告訴阿難說：「正如同我所稱揚的世尊藥師琉璃光如來的所有功德，這是諸佛的甚深行處，難以真正了解，你能生起如實的淨信嗎？」

阿難回答說：「世尊！我對於如來所說的經典，不會生起疑惑。為什麼呢？因為一切如來的身體、語言、心意等三業，是沒有任何不清淨的。世尊！太陽、月亮，可以使之墮落；須彌山也可以使之傾斜動搖，但是諸佛如來所說的話語，卻真實不虛不會有變異的。

「世尊！有許多眾生，信根不具足。聽聞諸佛的甚深行處，就隨之起了如此思惟：為什麼只要憶念藥師琉璃光如來的佛號，就可以獲得如此殊勝的功德勝利呢？由於這種不相信的意念，反而心生毀謗；他在漫漫的生死長夜當中，失去了極大的利樂，而墮於各種的惡趣中，流轉輪迴沒有窮盡。」

佛陀告訴阿難說：「這些有情眾生，假若聽聞世尊藥師琉璃光如來的名號，至心受持，心中如果不生起疑惑，還會墮入惡趣的話，是絕不可能的。

「阿難！這是諸佛的甚深所行，難以真正信受明解；你現在能夠信奉受持，應當了知這都是如來的威神力量。阿難！除了一生補處的菩薩，一切聲聞、獨覺以及未登地諸菩薩們，都不能夠如實信受明解。

「阿難啊！人身難得，在佛、法、僧三寶中，虔信、恭敬與尊重，也是十分難能可貴，而得以聽聞世尊藥師琉璃光如來的名號，更是難能可貴的。

「阿難！藥師琉璃光如來過去無量的菩薩行、無量的善巧方便、無量的廣大誓願，我如果以一劫的時間，乃至超過一劫的時間來廣為宣說，時劫可以迅速的窮盡，但是藥師佛的行願、善巧方便，卻是無有窮盡的。」

解說

本段經文是佛陀告訴阿難，是否能如實信解藥師佛的功德。阿難則回答說：「我於如來所說契經，不會生起疑惑。」佛陀回答說阿難能夠信受都是因為藥師佛的威神力加持，否則，只有一生補處的菩薩才能夠如實信受，明解藥師佛的功德。

◆諸佛甚深行處

阿難是佛陀的十大弟子之一，二十餘年間為佛陀的隨侍弟子，如影隨形侍於佛陀之側，因此多聞佛法，所以以「多聞第一」著稱。

而且他盡力成全憍曇彌出家。據《中阿含》卷二十八〈瞿彌經〉、《五分律》卷二十九載，當初佛陀的姨母憍曇彌出家志切，然而佛陀不允許。後來經過阿難再三的陳情，佛陀於是制定八敬法，聽許憍曇彌及五百釋女出家。這是佛教教團比丘尼的開始，全賴於阿難的功勞。

再者，阿難參與了第一次經典的結集。第一次結集是在佛陀入滅之後，在阿闍世王的保護之下舉行。當時五百阿羅漢會集於摩揭陀國王舍城的七葉窟，以摩訶迦葉為上首，由多聞第一的阿難誦出經藏。

阿難說他於如來所說的契經，不會生起疑惑，「契經」的「契」是上契諸佛之理，下契眾生之機；「經」是法、常之義。凡是佛陀的說法記錄，都可以稱為契經或是經、經典。

淨信的阿難尊者像

阿難為什麼不會生起疑惑呢？因為如來的身、語、意業，沒有不清淨的。「身、語、意業」是指身體、語言、心意三業。一般凡夫的三業，都是由貪、瞋、癡三毒所構成的染業，而佛陀的三業則是清淨的。他的身體所做的一切行為，所說出的言語，心意的內容都是清淨無染的。

阿難又說，日、月可以令其墮、妙高山可以使之傾斜動搖，而諸佛所言是真實不虛的。其中「妙高山」是指須彌山，梵語 sumeru 的意譯，原為印度神話中之山名。佛教的宇宙觀沿用之，謂其為聳立於一小世界中央之高山。以此山為中心，周圍有八仙、八海環繞，而形成一須彌世界。

接著，阿難說，由於很多眾生因為信根不具足，聽聞諸佛甚深的行處，而心中生起一念懷疑，認為：「難道只要憶念藥師佛的佛號，便能生起如此多的功德？」由於不相信，反而生起誹謗，而墮於三惡道流轉輪迴。

阿難在此也可代表受法眾生，也就是指讀誦《藥師經》的我們。

接著佛陀告訴阿難，如果我們能夠至心受持藥師佛的名號而不生疑惑，應當了知這全都是如來威神力量的緣故。因為連聲聞、獨覺及未登地的菩薩都不能如實信解，只有一生補處的菩薩才能夠如實淨信明解。

接著，佛陀又告訴阿難「人身難得」，在五趣中我們通常以為天上最好，地獄最苦，因而害怕墮入地獄，而追求能夠生天，卻不懂得人身難得。在六道中，地獄道有寒熱苦，幾乎有苦無樂；畜生道有殘殺苦，餓鬼道有饑渴苦，是苦多於樂，也因太過痛苦無法修行。而天人道的享受又過於快樂，也無法修行，只有人間苦樂適中，最適合修行。而且，諸佛世尊都是出於人間，終不在天上成佛。在《阿含經》中敘述著，惟有在人間，才能稟受佛法，體悟真理而得證正覺的自在，所以說「人身難得」。

因此，我們要珍惜人身難得，我們現在已得；要能敬信佛、法、僧三寶也很難得，能聽聞到藥師佛的佛號又更加難得了。

最後，佛陀又大為讚歎藥師佛過去的菩薩行，善巧方便，廣大誓願無有窮盡。

阿難請益救脫菩薩

經文

爾時，眾中有一菩薩摩訶薩名曰救脫，即從座起，偏袒右肩，右膝著地，曲躬合掌而白佛言：「大德世尊！像法轉時，有諸眾生爲種種患之所困厄，長病羸瘦不能飲食，喉脣乾燥，見諸方暗，死相現前，父母、親屬、朋友、知識啼泣圍繞。然彼自身臥在本處，見琰魔使引其神識至于琰魔法王之前。然諸有情，有俱生神隨其所作，若罪若福皆具書之，盡持授與琰魔法王。爾時，彼王推問其人，算計所作，隨其罪福而處斷之。時彼病人親屬、知識，若能爲彼歸依世尊藥師琉璃光如來，請諸眾僧轉讀此經，然七層之燈，懸五色續命神幡，或有是處，彼識得還，如在夢中明了自見。或經七日，或二十一日，或三十五日，或四十九日，彼識還時，如從夢覺，皆自憶知善不善業所得果報，由自證見業果報故，乃至命難，亦不造作諸惡之業。是故淨信善男子、善女人等，皆應受持藥師琉璃光如來名號，隨力所能恭敬供養。」

爾時，阿難問救脫菩薩曰：「善男子！應云何恭敬供養彼世尊藥師琉璃光如來？續命幡燈復云何造？」

救脫菩薩言：「大德！若有病人欲脫病苦，當爲其人七日七夜受持八分齋戒；應以飲食及餘資具，隨力所辦供養苾芻僧；晝夜六時，禮拜供養彼世尊藥師琉璃光如來，讀誦此經四十九遍，然四十九燈，造彼如來形像七軀，一一像前各置七燈，一一燈量大如車輪，乃至四十九日光明不絕；造五色綵幡，長四十九搩手；應放雜類眾生至四十九，可得過度危厄之難，不爲諸橫惡鬼所持。

「復次，阿難！若剎帝利灌頂王等，災難起時，所謂人眾疾疫難、他國侵逼難、自界叛逆難、星宿變怪難、日月薄蝕難、非時風雨難、過時不雨難，彼剎帝利灌頂王等，爾時應於一切有情起慈悲心，赦諸繫閉，依前所說供養之法，供養彼世尊藥師琉璃光如來。由此善根及彼如來本願力故，令其國界即得安隱，風雨順時穀稼成熟，一切有情無病歡樂；於其國中，無有暴虐藥叉等神惱有情者，一切惡相皆即隱沒；而剎帝利灌頂王等，壽命色力無病自在皆得增益。阿難！若帝后、妃主、儲君、王子、大臣、輔相、中宮、采女、百官、黎庶，為病所苦及餘厄難，亦應造立五色神旛，然燈續明放諸生命，散雜色華燒眾名香，病得除愈眾難解脫。」

爾時，阿難問救脫菩薩言：「善男子！云何已盡之命，而可增益？」

救脫菩薩言：「大德！汝豈不聞如來說有九橫死耶？是故勸造續命旛燈，修諸福德；以修福故，盡其壽命不經苦患。」

阿難問言：「九橫云何？」

救脫菩薩言：「若諸有情得病雖輕，然無醫藥及看病者，設復遇醫授以非藥，實不應死而便橫死。又信世間邪魔、外道、妖孽之師，妄說禍福便生恐動，心不自正卜問覓禍，殺種種衆生解(ㄐㄝˇ)奏(ㄗㄡˋ)神明，呼諸魍(ㄨㄤˇ)魎(ㄌㄧㄤˇ)請乞福祐，欲冀(ㄐㄧˋ)延年終不能得，愚癡迷惑信邪倒見，遂令橫死入於地獄，無有出期是名初橫。二者，橫被王法之所誅戮。三者，畋(ㄊㄧㄢˊ)獵嬉戲耽淫嗜酒，放逸無度，橫爲非人奪其精氣。四者，橫爲火焚。五者，橫爲水溺。六者，橫爲種種惡獸所噉(ㄉㄢˋ)。七者，橫墮山崖。八者，橫爲毒藥、厭禱(ㄉㄠˇ)、呪咀(ㄗㄨˇ)、起屍鬼等之所中害。九者，飢渴所困，不得飲食，而便橫死。是爲如來略說橫死，有此九種。其餘復有無量諸橫，難可具說。

「復次，阿難！彼琰魔王主領世間名籍之記，若諸有情不孝五逆、破辱三寶，壞君臣法毀於信戒，琰魔法王隨罪輕重考而罰之，是故我今勸諸有情，然燈造幡放生修福，令度苦厄不遭衆難。」

語譯

此時，大衆當中有一位菩薩摩訶薩，名為救脫菩薩，即從座中站立起來，偏袒著右肩，右膝著地，曲躬合掌向佛陀說道：「大德世尊！佛法衰替的像法轉動時，有許多的衆生，為種種的病患所困擾而處於厄難之中，長時間的生病，使身體羸弱消瘦，不能飲食，喉嚨嘴唇乾燥，這時雙眼所見四面八方盡是黑暗，死狀籠罩的各種徵相現前，這時他的父母親屬、朋友、善知識，都圍繞啼泣。然而病人自身躺臥在自己的家中，看見閻魔死神的使者引領他的神識，來到閻魔法王的面前；然而眾多的有情眾生，都有俱生神生死相隨，依於他的所作所行，不管是罪是福，全部如實的都書寫記載，全部盡持與閻魔法王。此時，閻王就推問這個人，計算他所作的一切，依隨著他所累積的罪與福，而處置裁斷。

「這時這個病人的親屬、善知識，假若能為他歸依世尊藥師琉璃光如來，祈請眾僧們為他輾轉讀誦這部經典，點燃七層的燈，並懸掛起五種顏色的續命神幡。如果有如此的做法，能使病人的神識得以返回。

「這病者就如同在夢中一般，清楚明了自己所見。如此經過七天，或是二十一天，或是三十五天，或是四十九天，當他的神識返還時，就如同從夢中覺醒一般，並且能全部憶起自己所作的善與不善的業力，與所得的果報。由是自己驗證到業力果報的緣故，因此往後乃至於生命中遭受災難，也不會造作各種邪惡的業行。

「所以，清淨敬信的善男子、善女人等，都應該受持藥師琉璃光如來的名號。並隨著自己的能力所及，至心恭敬供養藥師琉璃光如來。」

此時，阿難請問救脫菩薩說：「善男子！當如何恭敬供養世尊藥師琉璃光如來？續命的五色神幡與明燈，又應該如何造作呢？」

救脫菩薩說：「大德！假若有病人，想要脫離病苦，親屬朋友應當為這個人，七天七夜受持八關齋戒，並且當以飲食及其餘的資具，依隨著自己能力來設辦，供養比丘僧衆，在日夜六時中，虔誠禮拜供養這位世尊藥師琉璃光如來，讀誦這部經典四十九遍，燃點四十九盞明燈，並且塑造藥師如來的形像七尊，在每尊佛像前，各別的放置七盞明燈，每一盞燈，大如車輪，在四十九日之中，光明使之不斷絕；再造五種顏色的綵幡，長度各有四十九搩手；另外，應當放生四十九種衆生；如此的做法可以度過危險厄難，不被各種橫惡的鬼魅所持劫操縱。

「再者，阿難啊！如果剎帝利灌頂王等，在災難生起時，不管是所謂人衆的疾病疫難、他國侵略逼迫難、自己國界內叛逆的災難、星宿變怪的災難、日蝕月蝕的災難、在不當時際狂風暴雨的災難、久旱不雨的災難等天災人禍，這些剎帝利、灌頂王等，此時應當對於一切有情衆生，生起慈悲心，大赦那些被閉關收押的囚犯；並且依據之前所說的供養方法，虔誠供養世尊藥師琉璃光如來。由於這樣所積聚的善根，及藥師如來本願力的緣故，可以令他們的國界，即時得以平安穩固，風調雨順，五穀成熟豐收；一切有情眾生，無災無病歡樂自在；於他們的國中，沒有暴惡的藥叉等神作祟，惱害有情眾生；一切惡難災相，隨即隱沒消失；而這些剎帝利灌頂王的壽命增長、精力充沛，無災無病、安然自在，得致增益。

「阿難啊！假若有帝后、妃主、儲君、王子、大臣、輔相、中宮、綵女、百官、黎庶百姓等，被各種疾病所苦惱，並遭受其他的苦厄災難，當應造立五色的神幡，點燃續命的明燈，放釋各種生命，灑上各種顏色的鮮花，焚燒眾多的上好妙香，如此疾病即得以痊癒，一切的災難都能夠消滅解脫。」

此時，阿難請問救脫菩薩說：「善男子！為什麼壽命已盡，還可以得到增益延壽呢？」

救脫菩薩說：「大德！你難到沒有聽聞如來宣說九種橫死嗎？所以勸說我們建造續命明燈與五色彩幡，修習各種福德；因為修習累積福德的緣故，所以此生窮盡壽命，不會再歷經痛苦患難了。」

阿難問說：「什麼是九橫死呢？」

救脫菩薩說：「假若有情眾生，得到的病情雖然不嚴重，然而卻沒有醫藥及看病的人；

或是遇到醫生給予錯誤的藥方，本來不應該死的，卻遭致橫死。或者，他相信世間的邪魔、外道、妖孽巫師，胡妄說禍說福，因此便心生恐懼，心中失去平衡，到處卜籤問卦覓尋禍害的根源，其至不惜殺害種種衆生，解告奏白神明，呼喚各種鬼魅魍魎，祈請求乞福祐，希望能延年益壽，最後還是不能如願。因為愚癡無知、迷惘疑惑，相信顛倒的邪見，終致慘遭橫死，落入地獄之中，沒有出脫的期限，這是第一種橫死。

第二種橫死，是因為王法的制裁而遭受誅戮。第三種橫死，則是因為肆意打獵嬉戲遊樂，耽迷淫欲，嗜好飲酒，放逸而沒有絲毫節制，以致於被非人的鬼神奪走他的精氣。第四種橫死，是遭受火災焚燒而死。第五種橫死，是被水所淹溺。第六種橫死，則是被惡獸噉食而亡。第七種橫死為墮落於山崖而亡。第八種橫死，是遭受毒藥、厭魅祝禱、咒詛、起屍鬼等而死亡。第九種橫死，是被飢渴所困厄，不能得到飲食，因而為飢渴而亡。這是如來簡略的說明九種橫死，其餘還有無量的各種橫死，難以一一說明。

「再者，阿難，這位閻魔王主宰統領世間一切衆生的名籍記錄，假若一切的有情衆生，不孝父母，且犯下弒父、殺母、殺阿羅漢、出佛身血、破和合僧等五逆重罪，破壞侮辱三寶，毀壞君臣之法，或犯殺、盜、淫、妄等性戒，閻魔法王就他的隨罪業輕重，加以考察而處罰。

所以，我現在勸請有情眾生，燃點續命明燈，建立五色綵幡，放生修習福德，使他們能度脫苦厄，不再遭受眾難。」

解說

本段經文是救脫菩薩宣說當眾生為病患所困、死相現前，琰魔法王與俱生神交涉時，假若病人的親屬能為他皈依藥師如來，並且讀誦《藥師經》，點燃七層的明燈，懸掛延續壽命的五色神幡，供養藥師佛，歷經七日、二十一日、三十五日或四十九日的時間，病人的神識能夠得以返回。此外，救脫菩薩更對阿難說明續命幡燈的造法，及帝王如何解脫治國的七難，而獲得七福。接著是救脫菩薩對阿難解說供養藥師佛，可脫離九種橫死。

◈關於救脫菩薩

救脫菩薩是以救人病苦，脫離災難而得名。《七佛八菩薩所說大陀羅尼神咒經》卷一中，列救脫菩薩為八大菩薩中的第四位。關於救脫菩薩的形像，據《藥師琉璃光王七佛本願功德經念誦儀軌》「供養法」中記載：救脫菩薩的身體呈紅色，坐於蓮花座，右手執持妙法藏供養，左拳按於胯。在「修藥師儀軌布壇法」記載，救脫菩薩身呈白色，二手為金剛拳印，按於兩胯，呈微慢之相而坐。

◆關於琰魔法王

經文記載病人自身躺臥在自己的家中，其神識被引領到琰魔法王的面前。「琰魔法王」就是平常所說的閻魔王，其梵名為Yama-rāja，為鬼世界的始祖，冥界的總司，地獄的主神。閻魔王原為印度吠陀時代的夜摩神，而後世印度教神話傳說中，則將夜摩視為專為死者靈魂帶來苦惱的恐怖神。這樣的思想被引入佛教後，再受種種思想的影響，所以夜摩神一方面為居於六欲天中第三位之夜摩天，另一方面則是欲界的支配者、人類行為審判者之閻魔王。

◆續命幡燈的造法與修法

救脫菩薩向阿難宣說「續命幡燈」的修法與造法，可以幫助病患脫離病苦。

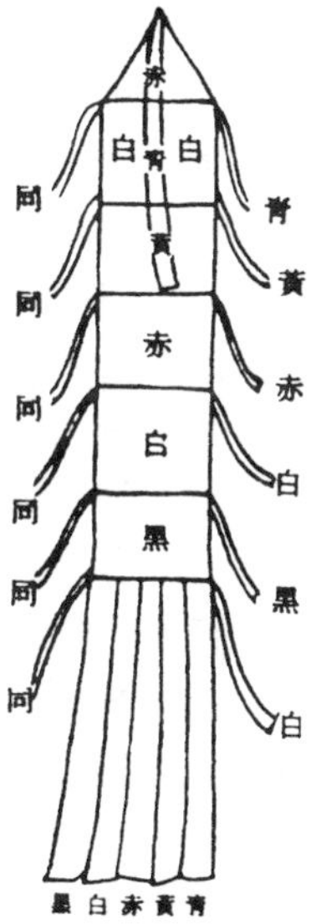

大幡圖

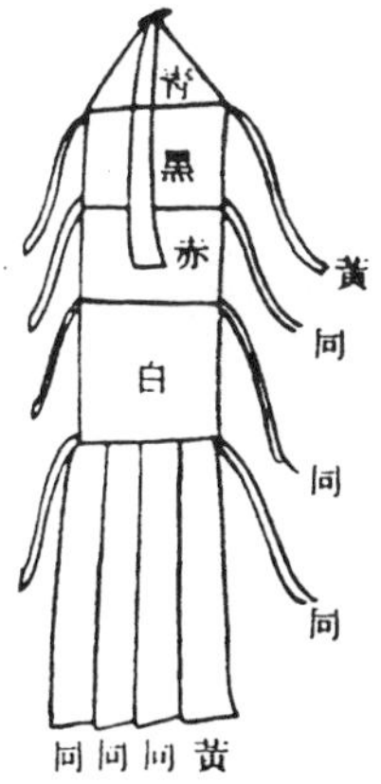

小幡圖

尤其是遇有病重彌留的親人，如果我們能為他修造「續命幡燈」，也可因此而得到壽命延長。

而「續命幡燈」的造法與修法，如下：

(1)首先七天七夜受持八關齋戒。

(2)以飲食及其餘各種資具，依隨自己的能力來設辦供養比丘僧眾。

(3)日夜六時，虔誠皈依、禮拜、供養藥師琉璃光如來。

(4)自己讀誦，或請僧眾讀誦《藥師經》四十九遍。

(5)塑造藥師如來形像七軀。

(6)每一尊藥師佛像前各放置七盞明燈共計四十九盞；每一盞燈大如車輪，長達四十九日之中燈火光明不絕。

(7)造五種顏色的綵幡，長四十九搩手（或四十九尺）。

(8)應當釋放雜類眾生四十九種（或放四十九類生命，或於四十九日，每日放生一次）。

經文中的「剎帝利灌頂王」，剎帝利是古代印度四種社會階級之一，為王族及士族的階級，掌管政治及軍事。

◈避免遭受九橫死

接著，救脫菩薩告訴阿難有關如來所說九橫死的內容，以及宣說修持藥師佛法門，可以避免遭受橫難並且延續壽命。

所謂「九橫死」，是指九種因緣使人壽命未盡，不應死而死。

而九橫死中的「初橫死」可分為二種，因為沒有醫藥或是所受的藥錯誤而死亡；第二種是因為聽信一些世間的邪魔、外道、或江湖術士、妖邪之師的邪說，以及自身的心術不正，殺害眾生等，而遭受的橫死。

因此，對於修習正法的我們要注意，不要被一些低級的靈鬼所蒙蔽，他們大都有一些小神通，可以對發生過的事情說得很準，但是對於未來的事就料不準了。有些江湖的算命術士，他對於過去的事情說得很準確，但是準確得有點怪異，這往往是由於鬼神的作用，所以最好不要接觸。

第二橫死，是犯罪而被王法誅戮生命。第三橫死是畋獵、縱慾、嗜酒，放逸無度，致遭非人奪其精氣而橫死；例如：跳舞、狂歡、縱慾等無節制而誤死。第四因火災而身亡；五是被水溺死；第六是為惡獸所噉食；第七是遭遇山難或墮山崖而身亡；第八橫死，是為毒藥所斃；或如前說為冤家咒詛起屍鬼等所中而身亡；第九是為饑渴所困而死，或不能得到飲食飢渴而死。以上是九種橫死。

經文中的「魍魎」是指以山川託其形，為木石之怪。

「五逆」是殺父、殺母、殺阿羅漢、出佛身血、破和合僧等五逆重罪。

「性戒」是指殺生、偷盜、邪淫、妄語等四種戒律。

饒益眾生的十二神將

經文

爾時，眾中有十二藥叉大將，俱在會座，所謂：

宮毘羅大將　伐折羅大將　迷企羅大將　安底羅大將

頞儞羅大將　珊底羅大將　因達羅大將　波夷羅大將

摩虎羅大將　眞達羅大將　招杜羅大將　毘羯羅大將

此十二藥叉大將，一一各有七千藥叉以爲眷屬，同時舉聲白佛言：「世尊！我等今者蒙佛威力，得聞世尊藥師琉璃光如來名號，不復更有惡趣之怖。我等相率皆同一心，乃至盡形歸佛法僧，誓當荷負一切有情，爲作義利饒益安樂，隨於何等村城、國邑、空閑林中，若有流布此經，或復受持藥師琉璃光如來名號恭敬供養者，我等眷屬衛護是人，皆使解脫一切苦難，諸有願求悉令滿足；或有疾厄求度脫者，亦應讀誦此經，以五色縷結我名字，得如願已然後解結。」

爾時，世尊讚諸藥叉大將言：「善哉！善哉！大藥叉將！汝等念報世尊藥師琉璃光如來恩德者，常應如是利益安樂一切有情。」

爾時，阿難白佛言：「世尊！當何名此法門？我等云何奉持？」

佛告阿難：「此法門名說藥師琉璃光如來本願功德，亦名說十二神將饒益有情結願神咒，亦名拔除一切業障，應如是持。」

時，薄伽梵說是語已，諸菩薩摩訶薩及大聲聞，國王、大臣、婆羅門、居士，天、龍、藥叉、揵達縛、阿素洛、揭路荼、緊捺洛、莫呼洛伽、人、非人等，一切大眾聞佛所說，皆大歡喜信受奉行。

語譯

這時，大衆中有十二位藥叉大將，都在大會座中，他們是：宮毘羅大將、伐折羅大將、迷企羅大將、安底羅大將、頞儞羅大將、珊底羅大將、因達羅大將、波夷羅大將、摩虎羅大將、真達羅大將、招杜羅大將、毘羯羅大將。

這十二位藥叉大將，每一位都率領了七千藥叉，作為眷屬，他們同時舉聲向佛陀說道：「世尊！我們現在蒙受佛陀的威神力量，得以聽聞世尊藥師琉璃光如來的名號，不再有惡趣的恐怖畏懼。我們現在都共同一心，乃至於生命終了，都歸命於佛、法、僧三寶，誓言荷負一切有情衆生，為他們做出種種有義利的事，使他們能夠饒益安樂。無論在任何村莊、城鎮、國家或是空閒的林中，假若有《藥師經》的流布，或是受持藥師琉璃光如來名號且恭敬供養者，我們與所有的眷屬，都會衛護這個人，使他能解脫一切苦難；各種的願求，都能令其滿足。如果有疾病祈求度脫的人，也應該讀誦這部經典，在五色縷線中，編結上我們十二位藥叉神將的名字，等到如願圓滿時，再解開此結。」

此時，世尊讚歎這些藥叉大將說：「善哉！善哉！藥叉大將！你們如此憶念報答世尊藥師琉璃光如來的恩德者，也應該時常如是的利益安樂一切有情衆生。」

這時，阿難向佛陀說道：「世尊！應當如何稱名這個法門？我們又應該如何奉持呢？」

佛陀告訴阿難說：「這個法門名為藥師琉璃光如來本願功德，又名為十二神將饒益有情結願神咒，又名為拔除一切業障，你們應該如是的奉持。」

這時世尊說完此話後，所有的大菩薩及大聲聞、國王、大臣、婆羅門、居士、天、龍、藥叉、香神乾闥婆、阿修羅、金翅鳥迦樓羅、緊那羅、大蟒神、摩睺羅迦、人與非人等這一切的大衆，聽聞佛陀所說的教法，都皆大歡喜信受奉行。

解說

本段經文說明藥叉十二神將守護修持《藥師經》的行者。此外，阿難請問佛陀此法門的名稱與如何奉持此法。

◈十二藥叉神將

「十二藥叉大將」又作十二神王、十二神將、藥師十二神。為藥師佛的眷屬，即守護誦持藥師經者之十二夜叉神將；或以其為藥師佛之分身。每一神將各擁有七千藥叉，計為八萬四千護法神。即：

㈠宮毘羅，又作金毘羅，意譯為極畏。身呈黃色，手持寶杵。

㈡伐折羅，又作跋折羅、和耆羅，意譯為金剛。身呈白色，手持寶劍。

㈢迷企羅，又作彌佉羅，意譯為執嚴。身呈黃色，手持寶棒或獨鈷。

㈣安底羅，又作頞儞羅、安捺羅、安陀羅，意譯為執星。身呈綠色，手持寶鎚或寶珠。

㈤頞儞羅，又作末爾羅、摩尼羅，意譯為執風。身呈紅色，手持寶叉或矢。

㈥珊底羅，又作娑儞羅、素藍羅，意譯為居處。身呈煙色，手持寶劍或螺貝。

㈦因達羅，又作因陀羅，意譯為執力。身呈紅色，手持寶棍或鉾。

㈧波夷羅，又作婆耶羅，意譯為執食。身呈紅色，手持寶鎚或弓矢。

㈨摩虎羅，又作薄呼羅、摩休羅，意譯為執言。身呈白色，手持寶斧。

㈩真達羅，又作真持羅，意譯為執想。身呈黃色，手持羂索或寶棒。

⑪招度羅，又作朱杜羅、照頭羅，意譯為執動。身呈青色，手持寶鎚。

迷企羅

伐折羅

宮毘羅

珊底羅

頞儞羅

安底羅

摩虎羅

波夷羅

因達羅

毘羯羅

招度羅

真達羅

(十二)毘羯羅，又作毘伽羅，意譯為圓作。身呈紅色，手持寶輪或三鈷。

又有一種說法，說十二神將於晝夜十二時、四季十二個月輪流守護眾生，如果以地十二支逆配十二神將，就形成下表：

十二神將	十二支	持物
宮毘羅	亥神	寶杵
伐折羅	戌神	寶劍
迷企羅	酉神	獨鈷
安底羅	申神	寶珠
頞爾儞	未神	矢
珊底羅	午神	螺貝
因達羅	巳神	鉡
波夷羅	辰神	弓矢
摩虎羅	卯神	寶斧
真達羅	寅神	寶棒
招度羅	丑神	寶鎚
毘羯羅	子神	三鈷

「健達縛」亦名乾達婆，天上的香神或樂神。

「阿素洛」即阿修羅。
「揭路荼」亦為迦樓羅，即金翅鳥。
「緊捺洛」即緊那羅，據說能歌善舞。
「莫呼洛伽」即摩睺羅迦，為大蟒神。

第3章 藥師佛的修持法門

修學藥師法門的要訣

藥師琉璃光如來的聖號，是以能拔除眾生生死無明的病苦，所以名為藥師。然而病苦對一般人而言又代表著什麼呢？從其根源來看，一切的病痛都是由心、意識所產生的，可以說是由無明引發的，經由眼根、耳根、鼻根、舌根、身根、意根等六根的運作，而形成所謂的身病和心病，之後再細分則有無量病。

就法界構成的物質性而言，就是地、水、火、風等四種病，再相應於種種緣起而產生種種病。以上是以緣起來分類，如果依現代各種疾病的分類來區分，則有無量種類的疾病了。

病的根源是從心的無明所發生，從緣起上來看，則病相是現前發生了，因為我們身體的組織與構成的複雜，再加上心理的因素，而有種種的分類、種種病相，有種種無量無邊的病。

雖然疾病不必然是如此分類，但是這樣的分類本身，是有它時間與空間的特殊緣起。

◆疾病的思維觀察

我們再對疾病作觀察思維，疾病是真實的嗎？如果答案是肯定，疾病是真實、有自性的，由這樣的推論結果，表示疾病是無法改變的，也沒有救度的可能性。但是我們之前了悟：疾病是因緣的產物，如果從苦、集、滅、道四聖諦來觀察，病是由因緣積聚而成，它是由「集」而來，滅除了苦的因，苦就消除了。因此，就一般性的意義而言，有病即施以醫藥來治療，藥病相醫，疾病除去之後，就能脫離痛苦而得到快樂。

但是更進一步而言，連思惟病的現象，都是來自心的無明，我們可以透過十二種因緣來明瞭。

十二因緣是說明有情生死流轉的過程。他們分別是：無明、行、識、名色、六入、觸、受、愛、取、有、生、老死。透過十二因緣來了悟生、老、病、死的現象都是源於眼、耳、鼻、舌、身、意六根纏縛的運作，六根纏縛的運作則來自「名色」，「名」是精神意識，「色」是物質體，是意識對法界錯誤的認知集聚的。而錯誤的認知則來自於根本的我執，我執追求生之存有，我執的根本是無明。

無明從何開始？從無始，當心念起動即有，心的積聚從無始無明開始。這一念無始無明若破除的話，病就沒有了。就像斬斷了樹的根，枝葉就會逐漸凋謝，斬除病根之後，病相就會慢慢消除，這是更深一層、更根本直接的因病應藥。

修學者的觀察不只如此，而是現前如幻，觀察一切病本身是虛幻的，是空、不實、如幻的。體解無明是如幻，現前種種生、老、病、死的現象都是如幻，根本是性空的，性空當體，當體性空。所以，這樣的性空、如幻、無自性本身是不是現相的自身呢？其實只是「我」與「現相」相對性的認知而已。我既然沒有，現相也就沒有，現相既然沒有，我也沒有。

在如實的觀察中，根本沒有一切眾病，也沒有一切藥，乃至沒有煩惱，沒有菩提，沒有煩惱可斷除，也沒有菩提可證得，如《心經》中說的：「無無明，亦無無明盡」。

現前如幻的觀察，而且能於如幻中生起法界大力，由是大悲心生。大悲心生而成具菩提，成具菩提時，能在大悲現具菩提，參與法界如幻運作時示現自如如的境界，智慧現觀，這就是無緣大慈、無緣大悲，無上正等正覺菩提。

病藥相醫之後，病在何處呢？藥在何處呢？其實，無病無藥，只是緣起如幻，現前現觀，成證菩提。由此來看就能了知藥師法門在法界中向上昇華的意義。大悲救度與救度的可能都如是，如此在現前現觀中又化解掉所有障道之事，破除一切處，無有立處，才能現觀現證。能現前寂滅，安住在法性之中，能起大作用，週遍一切法界。

佛法絕對是法界中的實相、法界的究竟。佛法是什麼？我們要清楚明白諸佛所成證的境界，絕對是法界中最究竟圓滿的境地，這是要如實向一切眾生宣告的。一切名號、一切言詮本身是沒有意義的，但我們卻需要一切言詮、譬喻來了悟這最究竟的境界。

整個法界本是平等無二的，但是在現象中，我們覺受到現象的苦惱。這現象的苦惱或不苦惱的問題本來是沒有的，當下法界現象，其實我們是不必分別它是苦惱或是非苦惱，最主要問題是在於大家的心中已經積聚了它是有苦惱、有苦痛、有輪轉、要超脫的想法了，當我們對此苦迫現象有如前的正見時，就能夠比較正確地去處置。

◈發起無上菩提心

在此，有這樣的現實，一位《藥師經》行者要給予眾生救度，大悲救度變成我們當下對自心、對法界確然的認識。確然認識之後，選擇是否要救度眾生都沒有關係了，因為我們現前已成就大悲救度，也能夠如理如實地了悟其真實性。

有了無上菩提心的發起，接下來應該付諸於行動，菩提心不只是一個動機論，或口說發菩提心就好了，還必須實踐救度的實際行動，在行動中能否使一切眾生臻於圓滿成就？或只是畫餅充饑，如同龜毛、兔角、或是第二個月亮？

就現前了悟而言，我們如理如實地了悟到：救度眾生臻至佛地在法界中是如實的。就現象上而言，藥師佛已成就，就實務上而言，我們了知如幻，了悟法界一切現象如幻，即是空、如幻，具足大悲，便能使眾生不斷去除障礙，脫離一切生滅對待現象，臻於圓滿佛地。因此，以此立場而言，救度眾生成就圓滿佛果是可能的。

這並不是說救度「本來」就可能，而是我們現前了悟是可能的，從理上、事上，從緣起、緣生的密意上，我們都現證此實相，這是確然。既是確然，為什麼要講「可能」？我們如是了悟，雖然法界現象也如是，但是眾生還是要透過因果不斷的運作，不斷地超越，所以我們說眾生有救度的可能。

◆圓滿成就藥師佛

藥師佛是依大悲故成就，藥師佛是有力，藥師佛是拔苦，藥師佛拔除一切眾生現前種種病苦煩惱，也拔除一切心的纏縛，拔除眾生世間、出世間障礙，成就大菩提道。一切能如實，即是藥師佛的化身。

藥師佛在何處呢？整個時空因緣現起之處現起藥師佛，無所不在，拔除一切眾生苦惱、憂惱，拔除一切眾生世出世間的障礙，在不斷擴大的結果，在拔除一切眾生憂苦之後還要給予一切眾生喜樂，給予其身樂、心樂，給予法樂、菩提樂、究竟樂、諸佛樂，使其成就究竟佛果。

從對眾生苦迫的觀察、救度，到給予其究竟安樂的立場而言，藥師法門是一個大乘法門，是菩提大道。我們應當思維：如何是藥師法門的現代意義？

了悟藥師佛的心，在生活中實踐藥師佛法門，我們可以每天如是迴向：將所有功德迴向藥師如來，迴向藥師淨土，發願成就藥師如來，迴向眾生，使一切眾生亦成證藥師佛，成就圓滿藥師淨土。

現代人應如何體悟藥師法門？藥師法門是超於時間、空間的纏縛，它在每個時代中都是當下的、創新的，它是最合乎緣起義的。

要了悟藥師法門，須從藥師法的精要——藥師十二大願中去體悟。要了悟藥師大願，不僅是從願相上了解，更要了解其願心，願的根本、願的心要，明解藥師佛大願的心要就是眾生即佛陀。

藥師佛成佛了，他具足三十二相八十種好，他希望眾生同他一般成佛無異，這就是藥師佛大願的心要。藥師佛成就無量無邊的光明、無量無邊的莊嚴，這是他的自受用樂，他的身、心自受用樂，與整個法界大樂、與一切眾生共同受樂。所以眾生即藥師佛。

在緣起上，眾生還是有病痛，病相雖是如幻，卻還是如幻的現前，所以藥師佛給予眾生無限的救度。在事相上、世間的救度，因為眾生有種種煩惱、魔擾，有種種心的障礙，種種不能入於菩提道之因，藥師佛要完全為其驅除。在世出世間他都可以救度。以世間而言，拔除身、心的困擾病痛，出世間而言，他將眾生從生、老、病、死中拔脫，成證三十二相八十種好，成就圓滿的法、報、化三身。

前面，我們探討的是一個普遍性的可能，現在落實到眾生來思惟，生命的可能性能發展到何種程度？人到底能不能成佛？

我們成就的佛心、佛身是什麼？

一切人類再進化是否可能？

使人間成為藥師淨土、一切眾生成為藥師佛是否可能？

一切眾生具足三十二相八十種好，具足金剛身，成就種種福德莊嚴，大智大慧、大慈大悲，十力、四無畏、十八不共，是否有可能？

如果在我們的思惟中有一絲不可能，那麼我們就要檢測自心：是哪個部分不能安住在藥師最究竟的菩提心之中？修持到最後，不只是使我們自身成就圓滿的佛身、佛心，還要使一切眾生成就圓滿的佛身、佛心，在了解藥師法門的要訣後，我們還可透過實際的觀修方法，來成就圓滿藥師佛。

接著，我們可做以下的練習。現前安住於無上菩提心，成就藥師法門。

◆藥師佛的本尊觀

一、觀空

首先現觀一切皆空，即現在我們觀察一切皆空，外在空、境空、人空、我亦空。

我們現在將自己觀空，再將整個法界觀空。

然後彈指間，「空」現前一切，也就是我們現在觀空，再回觀把能觀空的心也觀空。

練習觀空時常出現的問題就是：我們觀空時，是否能觀的觀者也是空呢？或許你會說：「空啊！我觀察我自己身體是空啊！」但是要了解能觀的不是我們的身體，而是我們的心！所以當我們觀空時，在觀空之後，外境空、內空、外空、一切空後，一定要迴觀，以空迴觀，能觀者亦是空，這就是「空現前一切」，這是觀空的最後關鍵。

如果我們現在無法證得此境界，也一定要先具有這樣的見地，了知能觀空者亦是空，將能觀者也觀空了，這是甚深口訣。

當我們在空、如幻的境界中，如果沒有生起大悲的力量，觀空時會入於寂滅，也就是說沒有具足大悲心的話，我們會在這般若智裡面融掉，而變成二乘行者，所以說「大悲是諸佛祖母」，這是要牢牢記得的。

二、觀自生本尊

我們從空性中生起大悲心，由於大悲的勢力，現前如幻，在彈指間現起本尊，自己就是清淨的藥師琉璃光如來。但是，如果因緣成熟、境界具足的話，就不必透過觀想方法，而是現前現起。由於大悲勢力的緣故，會如幻現起藥師佛尊，而我們的住處即是淨琉璃世界。如果我們現在沒有這樣覺受，就現觀所在處即是淨琉璃世界，全部都是透明的琉璃世界、清淨的世界，我們自身就是藥師佛，即成就依、正二報。

所謂依、正二報，依報是外境的淨琉璃世界，正報是我們所成就藥師佛身。這外境是我們八識所投現的，而我們身心是由七識投現一個特有的我，特有的我現前而成為藥師佛身。依報、正報兩者都圓滿，就是圓滿如無雲晴空一樣的淨琉璃世界，清淨無染無雜。

三、入我我入的修法

觀想如幻現起的藥師佛後，我們身處的世界是淨琉璃世界，接著修學「入我」的方法。也就是藥師佛清淨的身體、語言、心意入於我們的身、口、意三業，我們口誦藥師咒，手結藥師佛印，心觀藥師佛，境觀藥師淨琉璃世界，這就完成了藥師佛「入我」的修法。

藥師佛

「我入」即我們的心就是藥師佛的心，我們的身就是藥師佛的身，我們的身印就是藥師佛的身印，我們生處的環境就是藥師淨琉璃世界，這就是「我入」藥師佛。

所以「入我我入」兩者圓滿。最後，我們跟藥師佛是一也是異，是一合相。因此，藥師佛世界的藥師佛就是我們，我們就是藥師佛。

藥師佛的種子字，為金色的唄 字。藥師佛的世界是寶藍色像琉璃水晶一樣的明澈。藥師佛世界的顏色就像清淨無瑕的藍寶石，像藍寶石放在日光下，讓陽光照射出來的景像，就像完全無雲的晴空，就像完全清淨無染的海水，是完全清淨無染的淨藍，而且這個光明還照耀到無量無邊的世界。

而我們自身即是藥師佛，具足三十二相、八十種好。手結法界定印，上面持著藥壺。

我們圓滿藥師佛的身相之後，也要圓滿藥師佛的大願，如此才能圓滿藥師佛的大力大行，成就藥師佛的大願大行。

現觀一切眾生都是藥師佛，自身所處的世界即藥師琉璃淨土，一切所思所行都是藥師佛的身體、語言、心意。

藥師佛的眞言咒語

真言是由如來所宣說的真實密境，直顯如來身、語、意三密中的語密，並顯示如來的言語為真實契理，全無虛妄，所以稱之為真言。而真言能照破無明迷暗，使修行者能證得圓明清淨，所以稱為明或明咒。

又當誦持真言明咒，能使我們身心一如，能總攝無量的密義；而真言不管其字數多寡，皆能總持無盡教法義理，所以稱為陀羅尼。由持誦真言，能引發悲、智、神通及各種禪定三摩地，消除災患，所以真言又稱為咒或神咒。

真言在形式上可分為大咒、中咒及小咒等三種。大咒又稱為根本陀羅尼、根本咒或大心咒；是將本尊的內證本誓功德，加以詳細解明實說的真言陀羅尼。

而中咒又稱為心真言、心秘密咒或心咒；是實說根本陀羅尼心要的真心。這種真言是顯示這位本尊內證秘密境界的真實精要。

小咒又稱為隨心真言或心中心咒。這種真言乃是從本尊內證本誓的真言中，再提出核心的秘奧所成的真言。

除了佛菩薩的真言咒語外，一般我們也可誦持佛號，這也是所有本尊的根本真言。

◆誦持藥師真言的方法

當我們誦持藥師佛真言時，最好能以藥師佛的心、氣脈、呼吸來誦持。

首先，我們要瞭解：藥師佛的脈輪都是完全放鬆的，而眾生的脈輪卻是糾結纏縛。因此，我們誦咒時，要先將體內的脈輪完全放鬆，以清淨的心來誦咒，並且體悟一切音聲都是藥師佛的音聲，如此，脈輪才會漸漸鬆開。

當我們持誦藥師咒時，要明解一切音聲都是藥師咒的咒音。就如同《阿彌陀經》所描述的：「彼佛國微風吹動，諸寶行樹及寶羅網，出微妙音，譬如百千種樂同時俱作。聞是音者，自然皆生念佛、念法、念僧之心。」這就是諸佛的音聲瑜伽，一切音聲都是藥師佛法身流行，甚至不只音聲，一切形像，我們的眼根、耳根、鼻根、舌根、身根、意根等六根所及都是，乃至一切法界萬象，都是如此。

當我們了悟一切音聲皆是藥師佛音聲時，我們發出任何音聲皆是藥師佛的音聲，可以說是藥師佛透過我們來發出音聲。因此，當我們誦持藥師佛真言時，即是藥師佛透過我們來誦出真言。

這樣的念誦方式，不只是一般誦持藥師真言，而是以音聲來趣入實相的方便法之一。

藥師佛的真言，就是藥師佛對眾生的大悲，當我們以藥師佛來誦真言時，所誦持的就是藥師佛的音聲，這就如同「入我我入」的方法，藥師佛入於我們自身而誦持真言，同時，我們也入於藥師佛來持誦真言。

我們觀想自己入於藥師佛，我們是藥師佛的代表，不再是以凡夫之身的我們念誦音聲，而是藥師佛在誦咒，這也就是與藥師佛相應瑜伽了。

所以，當我們越能體解藥師真言、藥師佛的心，真言的力量就越大。在這樣的體悟中，我們練習以下的方法。

一、心、氣、脈、身、境的誦念法

1.心：

首先把心放鬆放下，安住自性，沒有妄念，也不昏沉。

2.氣（呼吸）：

將呼吸放鬆放下，呼吸就像一面鏡子，我們如何對待她，她就如實反映出來。當我們的呼吸具足藥師佛的大願時，每一個呼吸都是清淨琉璃光明的明點，進入我們的體內。

3.脈：

(1)再來我們將頂輪放空，觀想藥師佛住於自己頂輪，安坐於千葉寶蓮之上。

(2)觀想藥師佛慢慢從頂輪降到眉心輪（從頂輪到眉心輪這段中脈就清楚的開啟了）。

(3)觀想藥師佛慢慢從眉心輪降到喉輪（從頂輪到眉心輪到喉輪的這段中脈就清楚的開啟了）。觀想無邊無際的光明脈輪，所有的骨頭、肌肉都化成了無量微細的藥師佛、成為無量的明點。

(4)觀想藥師佛慢慢從喉輪降到心輪（從頂輪到眉心輪到喉輪、心輪這段中脈就清楚的開啟了）。

(5)觀想藥師佛慢慢從心輪降到臍輪（從頂輪、眉心輪、喉輪、臍輪這段中脈就清楚的開啟了）。

(6)觀想藥師佛慢慢從臍輪降到海底輪（從頂輪到眉心輪到喉輪、心輪、臍輪、海底輪這段中脈就清楚的開啟了）。

現在，我們體內的中脈完全開啟了，每一個細胞都產生共振、共鳴，不斷的擴散出去。我們的呼吸都化成藥師佛，沿著中脈吸入、呼出。而在海底輪處有藥師佛安住，我們的呼吸就是藥師佛的呼吸，藥師佛的呼吸就是我們的呼吸。

4.身：

誦咒時，就從位於海底輪的藥師佛發聲。

調身：收下顎，大椎骨、肩胛骨放下，調身如妙定功中的方法。（請參閱拙著《妙定功》）

二、觀想藥師佛在藥師琉璃世界的誦念法

我們可以觀想頂上虛空的藥師佛，慢慢地往上昇高，高至無盡蒼穹，甚至遠從藥師琉璃淨土發出咒音。

三、從大地或中脈延伸至地底無限遠發出咒音。

四、從身體各個部位發出咒音；身體所有的毛孔、細胞都發出共鳴。

五、從體內不同部位誦咒

(1)（左、右脈的聲，旋轉的聲）

(2)從脇下發聲

(3)從背脊發聲

(4)從脊椎的尾閭發聲

六、從身外的境誦咒

從眼前所看到任何一個事物，山或其他景像、物體誦咒。山是藥師佛的咒音，

河水是藥師佛的咒音……，地、水、火、風、空都是藥師佛的咒音，整個山河大地都是藥師佛的咒音。

七、所有的音聲都是藥師咒的咒音

(1)想像身在水中，或身如楊柳柔軟。

(2)每一骨頭、關節、內臟皆像汽球一樣氣機充滿。

(3)觀想頂上藥師佛從頂輪到眉心輪，從眉心輪到喉輪，從喉輪到心輪，從心輪到臍輪，從臍輪到海底輪，從海底輪往下降，至無限遠。

(4)每一個細胞都像一個一個太陽亮了起來。

(5)讓聲音自己誦咒，聲音就是藥師佛。

我們讓自己所發出的咒音具有慈悲與智慧。而且體悟所發出咒音皆是藥師佛之音聲，聽聞者就是聽聞到藥師佛的音聲，以音聲成就佛事，而且祈願聽聞者皆能成就無上菩提，一切山河大地皆成圓滿淨土，如同藥師佛的十二大願一般，這就是發出了慈悲的藥師咒。

誦咒的時候沒有障礙，不會執著於發聲點，了知空、如幻，就可以自由自在的在任何一點發聲。這是發出具有智慧的咒音。

讓咒音從過去穿透現在、未來，從現在穿透過去、未來，從當下穿透十方三世。咒音可以是山、是月亮、是法身，每一種不同的詮釋都會改變音聲的本質。地、水、火、風、空的聲音：風吹過山谷的聲音、風吹過經堂、山上的石頭掉落到雅魯藏布江的聲音、大雪崩落的聲音、脈輪共振的聲音……，修持到最後，全部都是覺性的音聲。

我們可以選擇以上的任一方法來念誦藥師佛真言。（隨書CD中的小咒中脈持誦，咒音快速而連貫從中脈發聲，聽似一音，其實是咒音快速串連的結果，特此說明。）

◈藥師佛的真言

藥師如來大咒（梵音）

曩謨① 婆誐嚩帝② 佩殺紫野③ 虞嚕④ 吠[illegible]哩也⑤ 鉢羅婆⑥ 羅惹野⑦ 怛他蘖多野⑧ 羅喝帝⑨ 三藐三沒馱野⑩ 怛爾也他⑪ 唵⑫ 佩殺爾

曳佩殺爾曳⑬　佩殺柴野三摩弩蘖帝⑭　娑嚩賀⑮（出自《藥師琉璃光如來消災除難念誦儀軌》

namo ① bhagavate ② bhaiṣajya ③ guru ④ vaidūrya ⑤ prabhā ⑥ rājaya ⑦ tathāgataya ⑧ arhate ⑨ samyaksamboddhaya ⑩ tad yathā ⑪ oṁ ⑫ bhaiṣajye bhaiṣajye ⑬ bhaiṣajya samudgate ⑭ svāhā ⑮

歸命① 世尊② 藥③ 師④ 瑠璃⑤ 光⑥ 王⑦ 如來⑧ 應供⑨ 正遍智⑩ 所謂⑪ 供養⑫ 藥藥⑬ 藥發生⑭ 成就⑮

小咒

唵① 戶嚕戶嚕② 戰孥哩③ 麼蹬儗④ 娑嚩賀⑤（出自《陀羅尼經集》）

oṁ ① huru huru ② caṇḍali ③ mātaṅgi ④ saāhā ⑤

歸命① 速疾速疾② 暴惡相③ 象王（降伏之相）④ 成就⑤

◆藥師佛的種子字

種子字又稱為種字、種子。種子是借草木植物的種子比喻其內義，我們可以由植物來觀察，植物由種子生長出莖、葉及開花、結果。所以種子之中具足了全體的

藥師佛的種子字

一切精華。因此諸佛菩薩的種子，也表示了具足諸佛菩薩的心要精華，能在法界中，現起諸佛的無上菩提果。

法界的種種萬象，有其普遍的法性與特殊的緣起性。因此一切萬相的顯現，即是其特有的名稱。而諸佛菩薩的名稱、心要精華等透過彼等的示現，以單一的梵字顯示，這就是種子字。

除此之外，本尊大都有其核心精要的種子字，這種子字，也可做為真言誦持，或種子字前加上皈命語句，稱為「一字咒」。我們也可時常稱誦藥師佛的種子字。

藥師佛的種子字：唄 （bhai）

◆藥師佛的三昧耶形

三昧耶形是指密教諸尊手持的器物及手結的印契。又作三摩耶形，略稱為三形，是表示諸佛菩薩本誓（因位的誓願）的形相。

三昧耶（samāyā）有平等、本誓、除障、驚覺四義，而諸尊所持的器物或印契皆具此四義，所以名為三昧耶形。

三昧耶形表諸尊的本誓，所以有時以此三昧形直接代表諸尊，若畫在曼荼羅上，則稱三形曼荼羅，或三昧耶曼荼羅。

藥師佛的三昧耶形，是為藥壺或有一種說法為佛頂印。

藥壺

佛頂印
藥師佛的三昧耶形

往生藥師淨土的修持法要

◈對藥師佛生起絕對的信心

如果我們想要往生藥師琉璃淨土，就必需對琉璃淨土的教主——藥師佛有所了解，並對藥師佛完全的皈信，如此才能建立往生淨土的清淨因緣。

傳統上，藥師佛被定位為「消災延壽」，將藥師佛窄化為世間法的信仰。其實，消災延壽只是藥師佛對眾生廣大不可思議的救度中的一小部分，我們對藥師如來要有更深刻的信仰；必需知道他是圓滿一切眾生世間、出世間成就的如來。在世間法上，能使眾生消災延壽，成就一切世間利益，使一切世間成就圓滿。而在出世間上，幫助眾生成就慈悲智慧，圓滿成佛，所以說藥師佛是成就世出世間的大寶王。

在這樣的體悟中，我們才能決定皈信身如琉璃光明的藥師佛。

對於藥師佛的淨信，除了從果地看之外，也要從藥師佛在因緣上所展現的成就來了悟。

藥師佛在因地時，他發起甚深的十二大願，而後十二願圓滿而成佛。若能更深刻地了悟這十二大願，我們會發現他這十二大願就是希望一切眾生圓滿成佛，希望自身成佛了，眾生也跟著成佛。因此，十二願真實圓滿時也是一切眾生成佛之時。所以我們知道：眾生未成佛前，藥師琉璃光如來是決定不涅槃的，除非一切眾生都圓滿成佛。

◆生起決定心往生藥師淨土

了悟藥師琉璃光如來十二大願之後，我們還要了悟琉璃世界的種種清淨、藥師淨土的特質，與我們的期望相應，而生起決定往生的信心，使我們的往生產生決定的力量。

琉璃世界是完全清淨的，不只是藥師佛通體明透，整個琉璃世界亦是猶如藍寶石般具足光明的體性，是極清淨的世界，與我們人間的雜染不同。而這清淨世界是依琉璃光如來的本願，及從法性中具足大力所成，從法性中所現出的等流光明，如同法性一般清淨，在緣起中自然出生的世界。

對於藥師佛生起決定的信心後，對琉璃世界也要生起決定的信心，自然而然生起決定往生琉璃淨土的心。隨著心念決定往生琉璃世界後，則是念念決定往生藥師淨土，不必再作意，一切所行所願都自然而然往琉璃世界而行。就如同我們在琉璃世界中開了一個銀行戶頭，一切所行、所成就的資糧，隨時隨地存入那個銀行中，隨著自身精進的程度，不斷增加往生的資糧。

◆深信藥師佛能拔除一切災障

我們深信藥師如來大醫王能滅除我們一切的災難、障礙，破除一切使我們不能安住菩提道的事情。對一個菩薩行者而言，什麼是魔障，什麼是災難？事實上不只是世間的病痛，也不只是生活上的困苦、或者不能適應食衣住行等各種不如意的事情，而是連退轉的心、執著修行等都是障礙。所有不能如實從菩提心中出生的一切都是障礙，只要是阻礙我們往生琉璃淨土的心之事都是障礙，這些障礙，大醫王藥師佛都能為我們消除。

《藥師經》中提及，稱名藥師佛能滅除障礙，具足無量無邊功德，使我們身心安樂，圓證菩提。

◆發起隨順藥師佛的大願

有了深信之後，還要生起大願。

首先，我們要發願往生淨琉世界，要具足信心不退、誓願不退、施行不退，才能自然安住在淨土。其中決定誓願往生淨琉璃世界是最根本的願。在淨琉璃世界中，我們能夠和彼土的賢聖眾相會，像是琉璃世界的上首菩薩日光菩薩和月光菩薩等，我們要與這些諸上善人共聚一處。

我們若要依皈藥師佛，就要隨順藥師佛的本願發心，這才是最深的信仰。隨順他的十二大願發心之後，還要能實踐圓滿他的本願，如同一切菩薩所發的莊嚴淨土願一般——這是使一切諸佛歡喜之首要心法。除此之外，我們也要親證藥師佛的境界——藥師佛證得無量無邊清淨光明，自身通透、清涼，具足光明清淨，沒有瑕垢污穢。我們也希望能證得這樣的清淨境界。

除了隨順發起藥師琉璃光如來的十二願之外，也要隨順自己的生活因緣發起更廣大的願，十二大願是藥師行人的根本願，然後再加以擴大。從《藥師七佛經》中，我們可以發現，諸佛發願也是愈來愈廣大，本來是四願，後來增為八願，最後是十二大願。

此外，藥師琉璃光如來的事業就是我們的事業，我們要發心隨順藥師琉璃光如來，如同進入琉璃淨土中，從小地方做起，一步一步地做，不斷地擴大。雖然我們現在仍在娑婆世界，但是心中要認定自己是藥師淨土的聖眾，隨侍藥師佛到圓滿，如同從藥師琉璃光如來圓滿清淨成就中出生一般。同時，現在也是藥師佛在娑婆世界的使者，希望能如同藥師佛般具足無量方便，救度一切眾生。

藥師琉璃世界海是由大悲所成。藥師佛在因地時發起濟助一切眾生，使其成就世出世間圓滿的大願。這是從大悲中出生大願，從大願中出生大智慧。我們安住在大悲的體性中發起甚深的藥師願，自然法爾地出生在藥師淨土中，這是因緣如實，果如實的道理。

我們行藥師淨土行，憶念藥師佛的法、報、化三身，憶念藥師佛清淨無染的法性，憶念藥師佛具足大悲、大智、大願、大光明、十力、四無畏、三十二相八十種好，乃至無量相好，光明清淨的正報、依報，其淨土具足一切無量聖眾，化現無量幻化身來教化我們。如此一心憶念藥師佛的法、報、化三身，一心憶念藥師佛土，這是藥師淨土行的根本。

如果心心都憶念藥師佛，安住在藥師佛的體性當中，念念自然，法爾自生，藥師琉璃光如來威神力量加諸於我們，使我等具足藥師佛的光明。如此，雖然我們目前是在娑婆世界行道，但在藥師佛的加持下，也猶如在琉璃世界一般。

我們不只要安住在藥師佛的體性上，還要能夠生起作用。具足藥師佛的加持、光明之後，也要一心隨順藥師如來的勝行，要能決定信、決定願、決定行。隨順藥師如來不可思議的勝行、不可思議的誓願——現觀一切眾生成就藥師佛，隨順藥師佛心行。

若能隨順藥師佛，那麼我們自然而然知道自身是決定現生藥師琉璃淨土。隨順藥師佛，不只要外成就藥師佛的事業，也要內成就藥師佛的事業——大悲、大智，一切藥師佛不可思議清淨法性。而此自性藥師佛的事業，就是我們自心中大悲的示現，心心隨念圓成藥師外內事業。

除了內修藥師佛行，我們還要行願藥師佛的廣大威力。藥師佛是大醫王，醫療世間與出世間的眾病，醫療眾生的心病、身病，一切四大眾病，一切魔障眾病，醫療我們不肯發心的病，小乘病、智慧和悲心不足的病。藥師琉光如來有廣大不可思議的威德，能使一切眾病現前消滅，而且能降伏一切諸魔。所以一切魔擾只要聽聞藥師佛的名號就會消失，這是其外顯的威德，我們要隨順而行。

了悟藥師琉璃光如來緣起甚深的方便，希望自身能具足如佛廣大不可思議的威力，永心皈命吉祥不可思議的藥師佛，這就是成就往生淨琉璃世界的妙行。

◆決定了悟藥師佛土的境界

有了決定信、決定願、決定行之後，要決定了悟藥師佛土的境界。這要有決定的智慧。

生命的煩惱、輪迴，從無始無明而來。所謂的無始無明是什麼？它是一念無明的起始。如果要追隨一念無明是從何開始，追來追去是永無結果的。但是我們要知道，當下這一念是無明，其實是一念也是「無始」。我們可以從當下這一念來破除。

所以，我們的修行智慧要以當下現觀開始，因為要了悟、開悟都是當下這一念，體性現觀現空。只要我們現觀就會發現當下即如幻，當下是現空，當下即是宇宙的無始無明。以這一念的開悟含攝過去、現在、未來三世時空的如幻，同時也是回歸到如幻世間之清淨法身的根源。我們如果能了悟體性現前空寂，初始如幻廣大不可思議的因緣，那麼大悲威力圓滿之時即是方便具足的初始因緣，如此方為智悲雙運。

但這大悲如幻、大悲方便的境界，我們要了悟其體性仍是法爾本然。雖救度無量眾生，實無眾生可度，亦無眾生可得。若常住在常寂光、體性寂滅的境界中，了悟眾生的秘密法性大悲，了知眾生的大慈悲力，這才是真正見到藥師佛。藥師佛從未離開我們如幻的出現，不離我們的大悲方便、也不離我們的法爾常住。我們只有在這樣的境界中才能真正親見秘密佛、藥師佛。

◆決定總持藥師淨土

有了這樣的了悟，所以能決定總持淨琉璃土，因為心本然具足，現前清淨，所以我們的心就是藥師佛，我們的心念就是清淨蓮華藏世界海，與東方藥師佛相應相照，決定總持不退，能在法性中如實出生於清淨世界之中。

了悟體性中的藥師佛之後，就能如實隨順藥師佛前隨侍，就能到東方淨琉璃世界隨侍藥師佛，也如同藥師琉璃光如來一般發起大願、圓滿一切眾生成就藥師佛。

如此，具足緣起的廣大伏魔大威力，這個力量是來自希望一切眾生安住在安樂、破除一切苦惱之願力。我們要住在藥師佛的大恩慈海中，等同寂滅法性，匯入清淨琉璃光。

第4章

藥師經的日修法

藥師經的生活禪法

修習《藥師經》法的行人，在日常生活中應當依止《藥師經》，我們不僅誦念《藥師佛經》，更要以《藥師經》來生活。

當然，常常抄寫藥師經、閱讀、諷誦《藥師經》都是很有功德的，但是如果能受持、修持並且廣為他人宣說，其功德真是不可思議！

此外，在生活中，以《藥師經》的見、修、行、果為中心，讓《藥師經》的經句、內義，不斷地融入於自心中，不斷地了悟經中的心要，漸漸地使自身融入《藥師經》的生活。

我們現生於世間，以此世間為《藥師經》的示現；自己身於此世間，以藥師佛的正見為見地，讓自己的思惟內容，都是藥師佛的思惟。當我們面對生活上的難題，我們可試著思惟藥師佛如何面對這個問題，如何以《藥師經》來處理，這都是讓我們貼近經典，讓《藥師經》成為我們生活內容的重要方法。以藥師佛的修持為修持，以藥師如來的勝行為己行，圓滿證悟成就藥師如來。

我們要學習藥師佛的大悲心，讓自心安住在法界體性自性大悲當中，而且以大悲心來善觀周遭的一切。了知性空如幻，藥師如來與我們都一同安住於法界體性大悲之中。

藥師佛與我們就如同水注於水，如空入於空，這意思就是說，我們自身的身體、語言、心意三業，色、受、想、行、識五蘊，眼、耳、鼻、舌、身、意六根的體性，都和藥師佛一如無二；因此，我們能夠依念佛三昧，在藥師佛的加持下，成就藥師佛的妙行。

我們安住在這樣的心意中，練習純熟到清晨醒來，都是從法界體性、自性大悲中醒覺，我們的身體、語言、心意即藥師佛，在日常生活中也是如此。在夜間入睡時，也是安住於法界體性大悲光明之中；如果作夢時，也是在夢幻中實行藥師佛的大悲事業。

而生活中的一切行為，不管是行、住（立）、坐、臥、作（所作）、語等一切，都練習以《藥師經》來行持。面對六種塵境：色、聲、香、味、觸、法所生的見、聞、嗅、味、身觸、意等六種覺受，都不遠離《藥師經》中所示妙法。

依著《藥師經》的正見修持，並依此修持力行，依力行證果，最後圓證藥師如來的果德。

藥師經的修持法軌

當我們修持《藥師經》時，當然是讓自己的生活融入《藥師經》中，生活中的一切都依止《藥師經》的見、修、行、果，將《藥師經》內化到自身，讓生活成為實踐《藥師經》的道場。

如果能在每天選擇一個合宜的時間，念誦《藥師經》或是以下的法軌，將能幫助我們更親近《藥師經》，實踐《藥師經》的生活。

一、皈命

南無藥師琉璃光如來

南無藥師琉璃光本願清淨法

南無藥師淨土賢聖眾（三稱、三頂禮）

二、祈請

因生十二願　果證琉璃光

本誓莊嚴鎧　世出世間王

勝幢大醫聖　金句示明光

皈命藥師經　度脫極厄難

心病身疾患　死魔煩惱魔

出世解脫障　現空速圓滿

了悟大聖心　隨順勝吉祥

念念契大福　具足佛菩提

◈三、發心

1. 四弘誓願

眾生無邊誓願度
煩惱無盡誓願斷
法門無量誓願學
佛道無上誓願成

2. 皈依發心

佛、法及僧諸聖眾　直至菩提永皈依
清淨施等我誓作　為利有情成佛道

3. 四無量心

願諸眾生具足樂與樂因
願諸眾生脫離苦及苦因

願諸眾生常住無苦安樂
願諸眾生捨分別證平等

4.修法發心

願見藥師真實心　願修藥師真實法
願行藥師真實道　願證藥師果地圓

◆四、懺悔

往昔所造諸惡業　皆由無始貪瞋癡
從身語意之所生　一切我今皆懺悔
往昔所造諸惡業　皆由無始貪瞋癡
從身語意之所生　藥師現前賜清淨
往昔所造諸惡業　皆由無始貪瞋癡
從身語意之所生　六根清淨念實相

◆五、供養

供養常住佛法僧眾　現前藥師殊勝三寶
能供所供本然無生　無滅福慧願如勝尊

花、香、水、燈、果及無量珍寶，隨意演現供養空中常住及《藥師經》法三寶。

◆六、誦經

如力誦持《藥師琉璃光如來本願功德經》。

行者可依自身時間因緣調整來誦念本經，最好誦完一部經，時間不充足則可選擇經中的部分經文來誦念。如果很忙，最少在修法時稱念：

南無《藥師琉璃光如來本願功德經》（七稱或二十一稱）

◆七、結歸、迴向

懺除一切諸修誤　前憶本誓自在足

金剛隨念顯莊嚴　法界體證一心成
修法諸功德　迴向於一切
同證體性佛　因果同無生

◈八、下座

下座後，心安住於《藥師經》的修持法中，並對經文反覆思惟明解，尤其是藥師佛的十二大願，並將之融入於日常的行住坐臥生活當中，在生活中以《藥師經》的觀點來思惟、實踐，我們自身即是藥師佛，身處的世界即是藥師佛境土，所見的一切眾生即是藥師佛，生活在《藥師經》的勝會。

附錄一

藥師經提要

本文約為二十年前舊稿，是對《藥師經》做全面而完整的研究與導讀，其中也比較了《藥師經》與《藥師七佛經》的思想，對於《藥師經》的研究有實質的參考性，所以在此附錄。

◈藥師如來本事

藥師如來梵名 Bhaisajya-guru-Vaidurya-prabharajah（藥師琉璃光王），通稱為藥師琉璃光如來，簡稱藥師佛。依《藥師如來本願經》（隨達磨笈多譯），東方過娑婆世界十恆河沙佛土之外，有佛土名為淨琉璃，其佛號為藥師琉璃光如來。藥師琉璃光如來之名號來源，是以能拔除生死之病名為藥師，能照度三有之黑闇，故名琉璃光。現身為東方琉璃世界的教主，領導著日光遍照與月光遍照二大菩薩等眷屬，化導眾生。《藥師經疏》引述藥師佛與二大菩薩的由來，謂過去世界有電光如來出世，說三乘法度眾生。爾時有一梵士養育有二子，見世界濁亂而發菩提心，要教化世界諸苦眾生。佛以其發願欲利重病眾生，改其號為醫王。二子皆饒益幽冥眾生，長名日照，次名月照；爾時醫王，即為東方藥師如來，二子即為二大菩薩——日光遍照菩薩、月光遍照菩薩。

藥師如來的弘法利生工作，是秉持在行菩薩道時所發的十二大願而來。這十二大願滿足眾生世出世間的諸般願求。在出世間上，藥師佛希望在成就菩提時「令一切有情如我無異」、「證得無上菩提」等。而在世間上則有「使眾生飽滿所欲而無令少」、「使一切不具者諸根完具」、「除一切眾生眾病、令身心安樂」、「使眾生解脫惡王劫賊等橫難」等願。

這些誓願基本上，雖然也在促使眾生早證菩提，但另一方面也著重於為眾生求得現世的安樂。這與阿彌陀佛偏向來生往生極樂的安樂，有所不同。這也是佛教界稱呼藥師如來為「消災延壽藥師佛」，而將藥師法會視為現生者消災延壽法門的理由。

東方琉璃世界純一清淨，地為淨琉璃所敷，城闕宮殿等。也都由七寶所成。其國土中無諸染欲，也沒有三惡趣等苦惱。其莊嚴殊勝之處，宛如極樂世界阿彌陀佛的淨土。

◆藥師經同本異譯的問題

本經的同本異譯有四譯或五譯的說法。實觀的《藥師經義疏》倡四譯說：

㈠宋孝武帝大明元年（西元四五七年）丁酉，沙門釋慧簡於秣稜（江蘇、江寧縣）鹿野寺譯出，名為《藥師琉璃光經》，亦名《灌頂拔除過罪生死度經》。此經自《大灌頂經》第十二卷抄出。

㈡大業十一年（隋煬帝、西元六一五年）南印度羅囉國（此據《開元錄》與《貞元錄》；《大唐內典錄》與《翻經圖紀》則云為北天竺烏場國沙門達磨笈多及法行、明則、長順、海駁等譯，在東都（洛陽）洛水南上林園翻經館重譯，名為《藥師如來本願經》。

㈢唐代三藏法師玄奘在京師（長安）大慈恩寺翻經院譯出，乃為現今之流通本。據《內典錄》所載，可能為貞觀年間翻譯，但《開元錄》及《貞元錄》則以為是永徽元年（西元六五〇年）五月五日所譯，沙門慧立筆受。

㈣沙門義淨於和帝（唐中宗）神龍三年（西元七〇七年，此年九月改元景龍）丁未於佛光寺內翻譯《藥師琉璃光七佛本願功德經》二卷。此經上卷總明東方藥師七佛淨土，下卷特明藥師琉璃光佛淨土及其本願功德。與玄奘的譯本約略相同。

比較前後各本，或簡或繁文辭雜糅，傳之後徒或生疑惑。而唐玄奘的譯本，在譯文上咸認較為恰當，故成為流通之版本。

東晉之帛尸梨蜜多羅所譯之《灌頂經》第十二卷，一名《佛說灌頂拔除過罪生死得度經》與《藥師琉璃光經》同本。據實觀的《藥師經義疏》謂有九卷《灌頂經》，即㈠《灌頂三千神王護比丘咒經》。㈡《灌頂十二神王護比丘經》。㈢《灌頂三歸五戒帶佩護身咒經》。㈣《灌頂白結神王護咒經》。㈤《灌頂宮宅神王守護左右咒經》。㈥《灌頂塚墓因緣四方神咒經》。㈦《灌頂伏魔封印大神咒經》。㈧《灌頂摩尼寶亶大神咒經》。㈨《灌頂召五方龍王攝疫毒神咒經》。而十二卷《灌頂經》是加上㈩《佛說灌頂梵天神策經》。㈩《佛說灌頂隨願往生十方淨土經》。㈫《佛說灌頂拔除過罪生死得度經》等三卷。但《灌頂隨願往生十方淨土經》一卷是後漢靈帝光和年中（西元一七八—一八三年）支讖所翻譯的。而《佛說灌頂梵天神策經》有人以為是疑偽經。所以《灌頂經》的後三卷有可能是帛尸利蜜多羅的後人所附加。而十二卷《灌頂經》是《開元錄》所記載，因此判斷開元時代前所集成。

◈本經的疑偽說

《藥師經》的疑偽說最早出現于僧佀《出三藏記》卷五新集偽撰雜錄第三，其中說到：「《灌頂經》一卷：一名《藥師琉璃光經》，或名《灌頂拔除過罪生死得度經》；右一部宋孝武帝大明元年秣稜鹿野寺比丘慧簡依經抄撰。」而且因為慧簡所抄撰之經，與東晉帛尸梨蜜多羅譯的《佛說大灌頂神咒經》第十二《拔除過罪生死得度經》為同一經，故本經亦懷疑為疑偽經。

但從內容觀察，疑偽說之論證，顯然證據不足。

◆本經之內容

本經一開始是：

㈠序分。佛在毘舍離國廣嚴城樂音樹下說法。爾時文殊菩薩請佛演說諸佛名號及大願功德，令聞者業障消除，以利樂像法諸有情等。

㈡明本誓利益——十二大願章。佛告文殊：去此東方十殑伽沙佛土，有淨琉璃世界，佛號藥師琉璃光如來十號俱足。彼佛於行菩薩道時，曾發利樂有情之十二大願。

㈢果德章。說明藥師佛土之莊嚴，與極樂世界等無差別。其國一向清淨無有女人、惡趣。有無量菩薩眾，而以日光遍照、月光遍照二大菩薩為上首。

㈣佛號功德章。說明聽聞及憶念佛號之種種功德。因聽聞及憶念藥師佛號能使布施、持戒、精進、忍辱諸波羅蜜速得圓滿。亦能解脫一切魔難、咒術、障礙，恆生善道。

㈤八大菩薩章。說明佛弟子若能長時受持八關齋戒者，以此善根願生西方極樂世界無量壽佛所，而未能決定者；若聽聞藥師佛的名號，臨命終時，佛遣文殊師利菩薩、觀世音菩薩、得大勢菩薩、無盡意菩薩、寶檀華菩薩、藥王菩薩、藥上菩薩、彌勒菩薩等八大菩薩，示其道路，極樂化生。

(六)轉女成男章。若為女人，至心持念藥師佛號，能得轉女成男。

(七)藥師真言章。演說藥師真言及其種種功德、使用方便。

(八)文殊章。文殊菩薩誓於像法時，以種種方便，令諸淨信得聞藥師佛名號。若能稱揚藥師名號及受持此經，則四大天王及其眷屬將供養守護。且能免除一切橫死，及諸惡鬼神侵擾等。

(九)阿難章。佛問阿難，是否信解藥師佛之功德。阿難言：「我於如來所說契經，不生疑惑。」

(十)救脫菩薩章。救脫菩薩問佛：諸眾生為病患所困，死相現前，琰魔法王與俱生神交涉時，如何解脫？佛告以病人親屬、知識，若能為彼皈依藥師如來，讀誦《藥師經》，燃七層之燈，懸續命五色神幡，供養藥師佛，經七日、二十一日、三十五日或四十九日，彼神識得還。救脫菩薩復對阿難說明，續命幡燈造法；及帝王如何解脫治國之七難，而得七福。復次救脫菩薩復對阿難解說，供養藥師佛可脫離九種橫死。

㈩十二神將章：會中有十二藥叉大將，各有七千藥叉為眷屬，同白佛言：誓願擁護藥師琉璃光如來法門。若有受持藥師佛名號及恭敬、供養、流佈《藥師經》者，彼將使之解脫一切苦難。並教以若有疾厄，求度脫者，讀誦此經，以五色縷結十二藥叉神將名字，得如願已，然後解結。以上為此經大意。

而唐義淨於神龍三年翻譯之《藥師琉璃光七佛本願功德經》有上下二卷。其內容大要如下：

【卷上】*1.*此經的說處與聽眾。*2.*此經之啟請者曼殊師利法王子。*3.*為未來世像法眾生說此經。*4.*東方過四殑伽河沙佛土的光勝世界有善名稱吉祥王如來，行菩薩道時立八大願。*5.*東方過五殑伽河沙佛土的妙寶世界有寶月智嚴光音自在王如來，建立有八大願。*6.*東方過六殑伽河沙佛土的圓滿香積世界有金色寶光妙行成就如來，建立有四大行願。*7.*東方過七殑伽河沙佛土的無憂世界有無憂最勝吉祥如來，建立有四大行願。*8.*東方過八殑伽河沙佛土的法幢世界有法海雷音如來，建立有四大行願。*9.*東方過九殑伽河沙佛土的善位世界有法海勝慧遊戲神通如來，建立有四大行願。10.東方過十殑伽河沙佛土的淨琉璃世界有藥師琉璃光如來，建立有十二行願。

【卷下】11.淨琉璃世界之淨土功德及日光、月光菩薩。12.無量壽佛與藥師如來。13.藥師如來真言。14.七佛供養法。15.七佛如來甚深功德。16.琰魔法王。17.四十九燈與雜綵幡四十九首。18.救脫菩薩。19.十二藥叉大將。20.如來定力琉璃光大神咒。21.八戒齋。22.執金剛菩薩。23.於佛像身安佛舍利。24.未來世後五百歲，法滅時護持是經。25.此經之各種名稱。

◈《藥師經》與《藥師七佛經》經本同異的問題

《藥師七佛經》在西藏亦有翻譯，其七佛名稱如下：

㈠善名稱吉祥王如來（西藏名 mtshan-legs-dpal）

㈡寶月智嚴光音自在王如來（藏名 sgra-dhŕý nans-rgyal-po）

㈢金色寶光妙行成就如來（藏名 ser-ba-bral-dri-ma）

㈣無憂最勝吉祥如來（藏名 mya-nan-med-mchog-dhan）

㈤法海雷音如來（藏名 chos-sgrags-rgya-mtshohi-dbyan s）

㈥法海勝慧遊戲神通如來（藏名 mdon-mkhyen-rgyal-po）

㈦藥師琉璃光如來（藏名 sḿan-bla-sgyal-po）

民國二十三年西康紅教之諾那上師，至金陵時，其弟子曾將此經咒音用藏、漢、英文對譯。在其序中以為在唐譯的五部《藥師經》中，只有義淨將藥師七佛全經譯出，其餘的只有單獨節譯出琉璃光如來的部份。

這個問題古來即有評論，《阿娑縛抄》中帖決云：「七佛者，猶彼新譯經七佛歟。謂《本願藥師經》唯譯下卷文，新譯經《藥師七佛經》加上文也。」可見自古即有人疑玄奘等舊譯是節本，而義淨的新譯是全本。

但是西藏藏經中的「甘珠爾（經部）」中，關於《藥師經》也有兩部。一與玄奘譯本相當，藏名 hppagś-pa bcom-ldan-hadas sman-gyi-bla baidū ryahi-hod-kyisnon gyis mon-lam gyi khydan-par rgyas-paschs-bya-batheg-pachenpohi mdo,另一本題為：ḥphags-pade-bshin-geegs-pa bdun gyi snon gyi smon-lam gyi khyad-par rgyas-pa shes-bya-batheg-pa chen-pohi-mdo，則與義淨所譯之《藥師琉璃光七佛本願功德經》相當。

由此看來不管是中國與西藏，都有兩種不同經本的統傳。如果只是將玄奘等舊譯本，單純的視為節本，可能不盡屬實。理由如下：㈠《藥師經》文字不多，沒有節譯的必要。㈡此經歷經慧簡、達磨笈多及玄奘的翻譯，其翻譯的成品始終如一。如果是節譯，應當很容易將全本譯出，不會造成三人同樣節譯的狀況。㈢玄奘連六百卷《大般若經》此等鉅著都全本譯出，何況只有不到萬字的《藥師經》，會在有前二譯的狀況下，不全本譯出的道理。㈣《藥師經》如是《藥師七佛經》的節譯，此節譯同時在中國與西藏出現，實在太不可思議了。

依以上的推斷，我們可以認為《藥師經》與《藥師七佛經》的梵本是不同的。但是，是否有可能《藥師七佛經》在印度已經被節錄成《藥師經》呢？個人以為，這種機會極小，因為慧簡於宋孝武帝大明元年（西元四五七）、達磨笈多於隋煬帝大業十一年（西元六一五年）、玄奘於唐永徽元年（西元六五〇年），三本於翻譯時間相差二百年，他們不可能每個人都攜帶節本，而藏譯也不會恰好帶到同本的節譯。因此，我們可以推論《藥師經》與《藥師七佛經》，在印度就有不同的版本與傳承，《藥師經》也並非《藥師七佛經》的節譯，或許兩者也有可能是同源異流，這在《道行般若經》與《大品般若經》的傳譯也曾發生過。當時魏晉的義學家都將

《大品般若》當作《道行般若》的母本，事實上兩者的梵本並不相同，只是同源異流而已。那《藥師七佛經》的來源如何呢？我們可以推斷認定此經較《藥師經》的流行較晚，是建立在藥師法的修持基礎上揉合其他經典而成立的，其流行時間約在玄奘回國之後，義淨回國之前。玄奘於唐太宗貞觀十九年（西元六四五年）回國，義淨於武后證聖元年（西元六九五年）回國，這五十年之間，是《藥師七佛經》最有可能流行的時間。

◆「藥師佛」與「藥師七佛」佛身同異的問題

藥師佛與七佛名號各別，佛土亦異；但自古以來，七佛是一體、異體的問題，各有不同看法。

《阿娑縛抄》說：「《本願經》云：『造彼如來形像七軀』，二經不同也，本願經只見藥師像七體，《七佛經》明七佛各別名並淨土本願。智泉云：『二經心各別也，隨依一意可修之。』」依此，以為二經根本上有所不同，其依據之心要與七佛之體、淨土、本願亦有所不同。所以又說：「依二卷經（藥師七佛經）修之者，善名稱等七佛為本尊；依一卷本（藥師經）者，藥師七體。」

但是《阿娑縛抄》傳述傳教大師的作為，有如下的看法，《阿娑縛抄》：「又傳教大師鎮西造立給七如來。中如來其名藥師見傳，若依此意，彼七佛猶是藥師如來一佛異名歟！」這是以為七佛皆為藥師一佛的異名。又說：「玄奘七佛開一佛故，專譯第七藥師功德。義淨一佛又七佛故，委譯七佛各別功德；而藥師琉璃光如來七佛本願經題，終藥師琉璃光如來本願功德結名。……本願經又請問詞云：『唯願演說如是相類諸佛名號。』世尊答云：『勸請我說諸佛名號。』依師說推，此詞指善名稱等云諸佛歟！……然者二經附合，七佛一揆……是則一佛改名號，七佛成正覺者。」這個說法有極濃調和味道，欲解決二經之相異點，以為七佛即一佛。又說：「江師云：七佛名號各別也，必皆非藥師歟！但七佛藥師者雖各別，藥師始故，為名謂藥師等七佛云也。」這是認為藥師七佛是相異的七佛，而非同體了。總結這些看法，則「《藥疏》云：『七佛經題《藥師如來七佛本願經》者有二義：㈠相傳釋云，前六佛藥師分身也，攝化歸本，名《藥師七佛經》。㈡從第七佛得名，言總意別，故言《藥師七佛經》。』」而東密則以為藥師七佛，皆為淨琉璃世界的藥師如來。

在《覺禪鈔》更直接指出，《本願經》中的七軀像，即《藥師七佛經》的七佛，《覺禪鈔》說：「《本願經》一佛，《七佛經》各別尊，一體分身也。……又兩經見始終更無差異也。《本願經》形像七軀者，二卷經《七佛經》所說七佛也。或《七佛抄》云：『七佛同是一體分身，隨機緣取七佛淨土，成佛利生。』」

由以上這些說法看來，認為《藥師經》與《七佛經》同本者，有認為一佛與七佛同體的看法。但從上卷的論證，我以為此經並非只有節略的差異而已。我認為《藥師經》與《藥師七佛經》的來源或由不同的傳承；或由《藥師經》在傳承中，經由藥師行者依據藥師法，而輾轉擴大附麗而成。在佛教的修持中本有許多不可思議的境界，而密宗之經軌，經由如此而增加其內容，亦非不可理解。

藥師佛與藥師七佛就修持者而言，可依不同之心要與因緣而取修；也可以認為藥師七佛即藥師佛之分身而修之。其實一佛與七佛的證得，同屬宗教的內證，只要在論理上清晰可明，修持上圓滿向上，自能同藥師佛，進入真實藥師法界。

◈藥師法之修持概要

修持藥師法，最緊要者為知藥師佛心，而知藥師佛心當依藥師佛願。藥師佛的悲願廣大不可思議，能成就一切眾生，世出世間的願望。在藥師佛第一大願中，願一切如彼無異，具足相好，不是願一切眾生成佛嗎？而第二願，表現了其淨土與身相的特殊莊嚴──身如琉璃、內外清淨、無復瑕垢。這是修持藥師法的行人所不可或忘的。而藥師法能使眾生遠離一切惱害，滿足現實的一切願求，更是獨特的願行。修持藥師法，當具足藥師的因地願行，如此不管持名、誦咒、觀想、結印，自然能儘速趨入藥師法海，成就淨琉璃世界，圓滿藥師琉璃光如來。

附錄二

藥師佛與佛教醫學

摘自《尋找藥師佛》導論　洪啓嵩

本文是筆者為《尋找藥師佛》一書所寫的導讀原文全貌。文中說明了印度醫學、西藏醫學在佛教醫學中發展的脈絡以及佛教醫學的根本精神以及歷史發展的因緣性。

◆從佛陀去SPA談起

二五〇〇年前，佛陀和弟子大眾在古印度的摩揭陀國教化說法。

當一天的說法行程告一段落，當地的大長者耆婆醫生就請佛陀帶領弟子大眾共同去作溫水「ＳＰＡ」，以消除一整天的疲勞。

這不是電影回到未來的情節，而是《溫室洗浴眾僧經》的記載。

佛陀接受了耆婆醫師的美意，並藉此機會為大家上了一堂讓身心容光煥發、青春健康的ＳＰＡ課程。

一般的「溫室」是指僧坊中或公共、私人的浴室。由於印度氣候炎熱，居民較常沐浴，因此在印度各地，常有人隨處鑿池，以供行人自由洗澡沐浴之用。在《南海寄歸內法傳》中就記載：「所在之處，極饒池水，時人皆以穿池為福。若行一驛，則望見三二十所，或寬一畝五畝，於其四邊種多羅樹，高四五十尺，池乃皆承雨水。」

同書中亦記載印度著名的那爛陀寺就有十餘所大池，每至早晨，就以鳴槌為訊號，集合僧人洗浴。

在進入溫室之前，首先要將用具準備齊全。佛陀告訴弟子，SPA 要準備七種物品，以去除七種疾患，並可獲得七種利益。

這七種物品分別是燃火、淨水、澡豆、酥膏、淳灰、楊枝、內衣。如果用現代

SPA的觀點來看，適當的水溫，潔淨的好水，是基本的要件。這些都準備好之後，首先用「澡豆」洗去塵垢，這是用大豆、小豆、碗豆所磨成的粉，不但可以去垢，更有使皮膚光滑的功用。再來用「酥膏」塗身滋潤，接著用「淳灰」敷身，淳灰是以山桑的切木燒製而成，用這種灰敷身能使機能活化。

身體照顧齊全了，牙齒的健康美白也要注意，所以用「楊枝」來照顧口腔保健。「楊枝」，即齒木，是清除口內臭氣用的木片，相當於現代的牙刷，待全身上下都打理完畢之後，最後還要換上潔淨的內衣，才算大功告成。

從這裏我們可以看出佛陀對個人衛生及公共衛生的重視。

不僅如此，在佛陀常年駐止說法的在祇園精舍，這個僧團共同生活居住的地方，更設有僧人專用的浴室院和醫療研究中心——「天下醫方之院」，由此可見，早在二五〇〇年前的印度，佛陀對整體性的醫療就有完整的看法和作為了。

◆佛陀對整體性醫學的先進觀點與實際作為

摩揭陀國的耆婆醫生，是佛教醫學史的重要人物，其醫術神乎其技，傳說他當時甚至曾以巧妙的麻醉方法為國王進行腦部開刀手術。

耆婆醫生對藥的觀點，充份表達了佛法法界萬象皆為因緣聚合而有，空無自性的因緣觀。

在耆婆學醫的過程中，有一次奇特的經驗。他跟隨老師學習七年，盡學藥理。有一天，老師教他去找一種不是藥的草木回來。

耆婆找了許久，竟發現找不到一種不是藥的草；原因是他善能分別這些草木的特性，他發現：只要用在適當的時機，每一種草木都可以作為藥。在《四分律》中描寫：耆婆於叉羅國中：「求覓非是藥者，周竟不得非是藥者。所見草木一切物，善能分別，知所用處無非藥者。」

於是他空手而返。他的老師因此歡喜的認可他「醫道已成」。

耆婆對藥的獨到觀點，和佛法的因緣觀不謀而合。任何草木、物品，在恰當的因緣中，都可能是藥。而藥本身在不同的病因、節氣等條件變化下，作用也會隨之變化。例如現代將奈米化科技運用在製藥技術上，所產生的驚人效果，就是一個最佳的例子。

由此可見，「藥」與「非藥」並不是固定不變的，而是視因緣條件而定，並無堅實不變的自性存在。

除了對因緣的透徹了解之外，佛法對疾病與醫藥有更超越的觀點：佛陀認為，當疾病發生時已是「果」的形成，雖能加以治療，但根本之道還是應從「因」上來斷除。這也就是為何在經典中處處可見佛陀對個人衛生、公共衛生如此重視的原因。

例如，在《梵網經》中記載大乘比丘隨身攜帶的十八種物品當中，就有：

「楊枝」，用以清潔口腔，和現代人飯後刷牙的道理相同。

「澡豆」，類似現代的「黃豆粉」、「綠豆粉」，為沐浴、洗滌時使用，相當於我們使用的「肥皂」，可清潔洗滌。

「漉水囊」是指用濾過水中之蟲的布囊，相當於現代的隨身濾水器，過濾飲水中的雜質和細菌。

而這些物品的使用方法及規範也有詳細的記載。這種衛生保健的良好生活習慣，防範疾病於未然，正是現代人越來越重視「預防醫學」的觀念。

除此之外，經律之中，有關醫療之記載有許多，尤其以律典中，對於瞻視疾病之法，記載甚為詳細，可以說是佛教醫術的重要史料。

佛陀在世時，耆婆醫生以精通醫術著稱於世，於平時也常為佛弟子療治疾病，曾多次治癒各種疑難病症。在《四分律》卷三十九中即詳細記載其前後六次之重要治術。

《南海寄歸內法傳》卷三載有「先體病源」及「進藥方法」二章，其中對於印度古來各種診察投藥之法，歸納為八類，即所謂的「八分醫方」。

大藏經中更有許多醫藥的相關典籍，如：《佛醫經》、《醫喻經》、《療痔病經》、《治禪病秘要經》、《能淨一切眼疾病陀羅尼經》……等，都佛教醫學中豐富詳實的史料。

◆無上醫王—佛陀

佛法中對「病」的看法，比一般定義更加廣大深入，除了生理上的疾病，一切身心不和諧、不統一，無法圓滿成佛的一切障礙，都可說是「病」。

正如同世間的良醫，能善知種種眾病、病的起源、對治的方法，並能去除病根使其永不復發，佛陀也具足四種特德，而被稱為「大醫王」。在《雜阿含經》卷十五中說，佛陀對眾生老、病、死、憂、悲、苦、惱等痛苦的現象、痛苦的根本原因，都能如實了知，並有對治的方法，使眾生徹底斷除煩惱，到達涅槃安樂的彼岸，此四德更勝於世間良醫，因此被尊稱為「大醫王」。

在《佛說大乘菩薩藏正法經》中，更說如來大醫王以三種清淨法藥療治眾生三種毒熱煩惱：以不淨觀法療治眾生貪欲熱惱之病，以大慈之法療治眾生瞋恚熱惱之病，以緣起觀療治眾生愚痴熱惱之病。佛陀為救度一切眾生故，通達一切善法，為大醫王。

除了對眾生心靈煩惱的病能善加療治之外，佛陀對一般人生理上的疾病也有深入的了解。例如，在《佛醫經》中，對人體由於地、水、火、風四大不調所引起的疾病總數，有所謂「四百四病」的說法：「人身中本有四病：一者地，二者水，三者火，四者風。風增氣起，火增熱起，水增寒起，土增力盛，地大不調，舉身沉重，水大不調，舉身涼腫，火大不調，舉身蒸熱，風大不調，舉身掘強，百節痛苦。」

除了對病相的了知外，也有對治的方法：「若風病者，當用油脂治，熱病者當用酥治，水病者，當用蜜治，雜病者，當盡用上三種藥治。」

可見無論是對眾生心靈煩惱所產生的眾病，或是身體上的疾病不適，佛陀都能善加調治。在《雜阿含經》卷四十五中，著名的醫師耆婆如是讚歎佛陀：「正覺大醫王，善投眾生藥，究竟除眾苦，不復受諸有，乃至百千種，那由他病數，佛悉為療治，究竟於苦邊。」

◈龍樹的醫學與科技

緣於眾生對遠離病苦的想望，通達醫療之理也就成為菩薩所必須具備的能力。而「醫方明」也成為菩薩必須修學的「五明」之一。

「五明」，是指即聲明(語言學)、因明(邏輯推理)、醫方明(醫學)、工巧明(科技、工藝)和內明(經典)。這五明也包括了大乘菩薩所應修學的所有學問，等於是囊括了世間及修行的一切學問。

在《菩提資糧論》有人問龍樹菩薩：若菩薩於眾生中若要得力救度，當如何修行？龍樹菩薩回答：「諸論及工巧，明術種種業，利益世間故，出生建立之。」

菩薩由於了知緣起的實相，因此身處對每一個時代，他對當代最先進的科技不但不排斥，相反的，他能總攝其中的精要，加以整合，靈活運用，用之為人類創造出最大的生命利益。因此通達世間一切技術學問，可說是菩薩救度眾生的得力要件。

龍樹菩薩本身可說是一個典型的代表人物。

相傳龍樹擅長養生之道，因而極為長壽。在《南海寄歸內法傳》中說，龍樹菩薩即是以日常鼻中飲水一抄，必其鼻中不串，以其作為長生之術，這就類似現代的「灌鼻法」。《大唐西域記》卷十中也記載其：「善閑藥術，餐餌養生，壽年數百，志貌不衰。」

除了長壽養生之外，龍樹菩薩對各種工巧明也多有研究，相傳其在年輕時曾研究隱身藥，塗之使人莫見其踪跡。他並長於鍊金術，在《大唐西域記》中記載：有一次其弟子引正王為建精舍鑄金像，然財力不足，正在憂愁，龍樹菩薩便以神妙藥滴於林中大石，使其變為黃金，而圓滿其願。對於製香，龍樹菩薩也有深入的研究，在《隋書》中記載其曾著《同和香法》。

《隋書》中還記載著龍樹菩薩曾著《龍樹菩薩藥方》、《同養性方》等養生醫學之書，西藏《丹珠爾》中現存有龍樹的醫方著作《治療法一百》、《龍樹論師釋阿婆藥儀軌》。相傳他曾增補印度著名的醫書《妙聞集》，雖然在年代上不盡相符，但是我們可以推斷其在醫學上的學問必定有相當深入的研究。

◈藥師佛信仰的形成

在十方諸佛中，藥師佛特別以拔除一切眾生身心疾病苦痛為本願，除了個別的佛陀之外，藥師佛也可說是一切如來無上醫王之特德具體化的表徵。

藥師如來梵名 **Bhaisjya-guru-Vaidurya-prabharajah**（藥師琉璃光王）通稱為「藥師琉璃光如來。依《藥師如來功德本願經》所記載，東方過娑婆世十恆河沙佛土之外，有佛土名為「淨琉璃」，其佛號為「藥師琉璃光如來」，領導著日光菩薩與月光菩薩等眷屬，化導眾生。

「藥師琉璃光如來」名號的由來，是因為其能拔除眾生生死煩惱之病，照度三有黑闇，故名為琉璃光。

由於這個世界的眾生老化、疾病等苦惱，因此對於藥師佛的救度也就更加渴仰，這也是藥師佛信仰形成的原因。只是一般人稱其為「消災延壽藥師琉璃光如來」，只著重於藥師佛救度世間疾病的一面，卻不知道藥師佛最深的誓願，就是使一切眾生圓滿成佛，與其無異。

在藥師佛的經典方面，可以分為《藥師經》和《藥師七佛經》兩種系統。而對藥師七佛，有認為其為分別獨立的七佛，也有認為其餘六佛為藥師佛所化現。在西藏的許多修法法軌中，經常可以看見釋迦牟尼佛和藥師七佛，即所謂的「藥師八昆仲」，有認為《四部醫典》中的藥師如來，象徵著如來醫王體性的示現。這是西藏和漢地對藥師佛不同的觀點。

在藥師佛十二大願中的第一大願說：「願我來世得阿耨多羅三藐三菩提時，自身光明熾然，照耀無量無數無邊世界，以十二大丈夫相八十隨形好莊嚴其身，令一切有情如我無異。」藥師佛在此大願中說，當他成佛時，一切眾生在身相上都和他一般具足光明熾然，具足三十二相八十種好的佛身，圓滿成佛。

但是在此有一個吊詭之處，因為藥師佛已經成佛了，為何我們還沒成佛呢？果真如此，藥師佛也無法成佛了。或是我們的一切煩惱、疾病，只是我們自我的催眠與執著幻化？或是我們集體的潛意識中，誤以為自身為眾病苦惱？

而藥師佛是否了悟了如此的實相，我們在其眼中是否都是如同藥師佛一般具足無量壽，光明圓滿？

這是一個可以好好參究的公案。

◆西藏醫學的根本—四部醫典

四部醫典被認為是西藏醫學中最重要的經典著作，其全名為《甘露要義八支秘密訣竅續》bdud-rtsi-snying-po-yan-lag-bugyad-pa-gsang-ba-man-ngan-gi-ygyud。

「甘露」是指其宛如長生不死藥一般，「八支」是指其內容的八個部份。

本書的形成，有說是從印度本阿輸吠陀的藏文遺本，也有說是公元八世紀末，由西藏著名的醫藥學家宇妥．元丹貢布所編撰而成。

本書的傳出，在《土派宗觀源流》中說是由掘藏師扎巴．恩協拔所取出的「伏藏」。「伏藏」(藏語 gterma)是指從地下或山洞挖掘出來的聖典。在西藏朗達瑪禁佛時期，佛教遭到嚴重的迫害，於是有的僧人就將經典埋藏在岩洞或地下，以免遭毀壞。而挖掘這些伏藏的人則稱為「掘藏師」。四部醫典即屬此類伏藏。

而本書是如何著述完成的？有說是藥師佛親自宣說的，但由於在西藏大藏經中，並未收入此書，因此是否為佛說並無確切的定論。

在初期大乘經典出現於人間，對於經法傳出的方式，經中有不同情況的敘述，而大致可分為下列五種情況：

1.諸天所說：天人到人間宣說，如《集一切福德三昧經》所說。

2.於夢中聽聞：為諸聖賢、天人等所引夢，而於夢中聞法，如《持世經》中所說。

3.他方世界佛陀現身宣說：以精誠心念感得他方佛陀現身為其說法，如《集一切福德三昧經》所說。

4.於三昧定境中見佛聞法：於三昧定境中與佛問答，從佛聞法，如《般舟三昧經》所說。

5.自然呈現於心中：如《大寶積經》卷四八〈菩薩藏會〉中說法行童子出家不久，以宿習故，法菩薩藏微妙法門，無上深義，自然現前。

然而，佛法雖能以這五種方式傳出，但必須合乎以下三個原則：

*1.*修多羅相應：所說內容必須與經相應。

*2.*不越毘尼：所說內容必須不違反戒律。

*3.*不違法性：所說內容必須不違背佛法的本性，如三法印等。

具足以上三要點，如此才可稱為佛所說經。

以此來看，西藏的許多「意巖」也是如此，有可能是著作者在以上的情況下感通所得。對四部醫典我們或許也可做如此的觀察。

本書中敘述此書為藥師佛對其所化現的身、語、意、功德、事業五位仙人所宣說的醫經，可說是藥師佛自性的對話。

在《觀無量壽經》中說：「諸佛如來是法界身，遍入一切眾生心想中，是故汝等心想佛時，是心即是三十二相八十隨形好，是心作佛是心是佛。」《六祖壇經》中六祖也說自性具足佛、法、僧三寶：「自性迷即是眾生，自性覺即是佛，慈悲即是觀音，喜捨名為勢至，能淨即釋迦，平直即彌陀。」

以此種理趣來思惟，再加以對密教五方佛的觀察，就更能了解本經中藥師佛透過與自身化現仙人的對話，宣說本經的旨趣。

◈西藏醫學與印度醫學的關係

西藏醫學很顯然受到印度醫學的影響，二者雖相近，但西藏醫學並非印度醫學的全然移轉，在《漢藏史集》中即說西藏醫學中包含了十三種醫療法，如：印度、尼泊爾、漢地、突厥等各地的不同醫療法。可見當時西藏醫學已有獨立的一套體系，而非純然移植印度的醫學。

談到古印度醫學的源頭，就不能不提到「四吠陀」。這是古印度婆羅門教的四部根本聖典，分別為：

(1)梨俱吠陀：讚誦明論，是雅利安文學最古且最重要的文集。

(2)娑摩吠陀：歌詠明論，係一部歌詠集，為婆羅門僧祭酒時所歌唱。

(3)夜柔吠陀：祭祀明論，為一部獻祭的禱詞。

(4)阿闥婆吠陀：禳災明論，乃控制神鬼之法。

四吠陀中，最後主要取得主要地位的是阿闥婆吠陀，其核心的內容是咒術，且廣泛涉及疾病與治療。

在其中第六卷 第一〇五首〈治咳嗽〉，是一首有趣的詩：

像心中的願望，
迅速飛向遠方，
咳嗽啊！遠遠的飛去吧，
隨著心願的飛翔，
像磨尖了的箭，
迅速飛向遠方，
咳嗽啊！遠遠的飛去吧，
在這廣闊的地面上。
像太陽的光芒，
迅速飛向遠方，
咳嗽啊！遠遠的飛去吧，
跟著大海的波浪。

這是結合了想像的療病法。除此之外，《阿闥婆吠陀》有為治療熱病、白癩、骨折……之咒文。在印度稱醫生為「vidya」，義為「知道吠陀的人」，而醫學的傳授者也都強調醫學是吠陀的一個分支。

古代印度醫學—「阿輸吠陀」（Ayur Veda），則為阿闥婆吠陀的分支。「阿輸吠陀」（Ayur Veda）源於Ayus（生命）和Veda（知識）的組合，其基本涵義是「生命之學」，內容通常會涉及「維繫與促進健康」和「解釋與治療疾病」，後來則被理解成一種技藝體系或醫學體系—「古代印度醫學」或「印度傳統醫學」。

傳說「阿輸吠陀」為梵天所創造。但實際上「阿輸吠陀」並非書名，迄今所知最早的阿輸吠陀文獻，乃是名之為《闍羅迦集》和《妙聞集》兩大古典醫學著作，分別為闍羅迦與妙聞所著。二者原型成書時間難以判孰前孰後，而在體系上《闍羅迦集》被視為是「內科學」的完整體系，而《妙聞集》則被視為「外科學」的完整體系。

這二部著作，大多認為經過多次的改編。其中一位大幅增訂《妙聞集》的人名為「龍樹」，有說其即為中觀的龍樹菩薩。

西藏醫學明顯受到印度醫學的影響的痕跡，隨處可見。例如，阿輸吠陀的「三病素說」幾乎原封不動的被複製到藏醫的醫學理論中。此外，藏醫學認為人體有「七種基礎物質」和「三種穢物」，此種說法也同樣源於印度醫學。

西藏醫學的根本要典——四部醫典，和阿輸吠陀有密切的關聯，甚至有「四部醫典是阿輸吠陀的藏文遺本」的說法。

而四部醫典的講說處，據說為「善見城」，可能即帝釋天王因陀羅所居住之處。而印度醫學亦相傳為因陀羅所傳，這種關聯或許可視為西藏醫學體系在內在系統上與印度傳統醫學的緊密聯結。

四部醫典編撰者，西藏著名的醫藥學家宇妥．元丹貢布，受藏王派遣，曾二次赴內地五台山打箭爐等地學習漢族醫學，三次到天竺等國家學習天竺醫學、波斯醫學，汲取這些醫學的菁華。由此可看出西藏醫學受到印度醫學與中國醫學的密切影響。

現代人比古代人長壽，享受著先進醫療科技的成果，卻非由自身的身心健康提昇所致，這是一個警訊。

佛教醫學的理想

佛教對健康的觀點，並非消極的「不生病」，而是更進一步的讓身心更加生機蓬勃，在因緣條件中具足健康的活力，除了讓身心完全無病無惱之外，甚至透過各種因緣的修行方法，達到完全圓滿覺悟的境界，讓所有的病因、病根永遠不再發起。我們可以說佛教醫療不只是一種被動型的醫療，而且是一種主動性、自覺性的醫療，這才是佛教醫療的理想。

經典中的記載，佛身具足三十二種圓滿的形象，也就是所謂的「三十二相」。這些圓滿的身形特徵是由各種內在的德行相應外顯而成。

以其中的「足下平滿相」為例，我們就可以發現佛陀的腳比人類進化得太多了！佛陀腳底氣機充滿，如自然的氣墊鞋，久走不累，彈性特佳。相較於一般人的腳掌內凹，雙腳氣機不足，又必須承受全身的重量，容易疲勞，加上高跟鞋更容易受傷，還必須穿氣墊鞋才比較舒服。此種相好是由於佛陀持戒、聞法、精勤實踐所感得的相好，而從健康的層面來看，我們也可以發現由於佛陀身心完全放鬆、沒有執著，而使氣脈通達的相好。

佛陀所展現的人類圓滿進化，不僅是外相的圓滿，更是內在心靈的圓滿。就好比與佛陀同樣具足三十二相的轉輪聖王，其圓滿的身相是由福報所來，而非由內在德行的圓滿外化而來，並不能說是圓滿的生命進化。

或許佛陀圓滿光明生命型態，正可以做為人類進化的美麗藍圖。

從這樣的觀點來看，我們對本書有更深的期許，希望未來其中的觀點可以更加深入，不只是著眼於藏醫的技術層面，而可以更深入探討背後深層的意含。

◆藥師佛在現代與未來醫療中的位置

讓每一個人健康覺悟，是藥師佛的心願。

綜合以上的觀察比較，我們可以發現，由於佛陀的心安住在宇宙實相的智慧、廣大的悲心及正確的見解，所以從最微細的心到呼吸、氣脈，乃至身體的每一部份構造都是很圓滿理想的，最後甚至能擴大到創造外境的圓滿，也就是淨土的圓滿。

從心的圓滿，到呼吸、氣脈、身體乃至世間外境的全體圓滿，完全和諧，沒有對立。

從這樣的立場，我們再迴觀人間，或許我們可以思惟：當佛陀遇到 SARS 時，如果他是一般人，他會如何面對？如果他是一個醫生，他會提供病人何種醫療的建議？如果他是一個衛生署長，他要如何幫助國內的民眾，乃至和國際合作防治病毒？確實的答案我們不知道，因為我們不是佛陀，但是我們可以想一想；如果我們是佛陀，我們會怎麼做？這是一個很有趣的思惟。

佛經修持法4

《如何修持藥師經》

作　者　洪啟嵩
執行編輯　吳霈媜
封面設計　張育甄
出　版　全佛文化事業有限公司
訂購專線：(02)2913-2199
傳真專線：(02)2913-3693
發行專線：(02)2219-0898
匯款帳號：3199717004240 合作金庫銀行大坪林分行
戶　名：全佛文化事業有限公司
E-mail:buddhall@ms7.hinet.net
http://www.buddhall.com
門　市　新北市新店區民權路95號4樓之1（江陵金融大樓）
門市專線：(02)2219-8189
行銷代理　紅螞蟻圖書有限公司
台北市內湖區舊宗路二段121巷19號（紅螞蟻資訊大樓）
電話：(02)2795-3656　傳真：(02)2795-4100
二〇〇四年七月　初版
二〇一七年二月　初版四刷
定價　新台幣二八〇元
ISBN 978-957-2031-52-0（平裝）

Buddhall

Published by BuddhAll Cultural Enterprise Co.,Ltd.

BuddhAll

BuddhAll.

All is Buddha.

BuddhAll